DEVIS

CAHIER DES CHARGES

ET SÉRIE DE PRIX

DE LA

MENUISERIE

DEUXIÈME ÉDITION.

DIJON
CHEZ J. MARCHAND, IMPRIMEUR-ÉDITEUR, RUE BASSANO, 12
ET CHEZ TOUS LES LIBRAIRES.

1873

DÉPARTEMENT
DE LA
COTE-D'OR

VILLE DE DIJON
SERVICE
DES
TRAVAUX COMMUNAUX

Travaux d'entretien des Bâtiments de la Ville

DEVIS, CAHIER DES CHARGES ET SÉRIE DE PRIX
DE LA
MENUISERIE

Le présent devis a pour objet les travaux d'entretien de la menuiserie des bâtiments de la Ville.

Le bois de chêne proviendra du pays.

Le sapin proviendra de Pontarlier ou des environs.

Le chêne sera de la meilleure qualité, de droit fil, sans gerçures, ni nœuds vicieux ; il ne sera ni gras, ni roulé, ni gélif, ni échauffé, ni piqué ; il sera exempt de pourriture, vermoulures, malandres et de tous autres défauts nuisibles à la résistance et à la durée des menuiseries, et devra avoir au moins quatre ans de coupe au moment de la livraison ou de la mise en œuvre.

Il sera parfaitement sec et les ouvrages de menuiserie dans lesquels on aurait employé du bois vert qui occasionnerait des déversements ou du gauche, seront rigoureusement refusés et resteront à la charge de l'entrepreneur. L'aubier ne sera jamais toléré, et tous les bois en seront parfaitement purgés ; les bois de sciage seront pris dans les pièces les plus droites, afin que leurs fibres ne soient pas tranchées.

Le bois de sapin sera de la meilleure qualité, de droit fil et parfaitement sain. Les pièces qui seraient roulées, échauffées ou piquées, seront rigoureusement refusées ; il sera exempt de vermoulures, malandres, gerçures, nœuds vicieux, il sera bien résineux et parfaitement sec au moment de son emploi. Tout bois qui présenterait l'un des vices spécifiés plus haut sera refusé, ainsi que les travaux qui auraient été exécutés avec des bois de cette nature.

Tous les travaux de menuiserie seront exécutés suivant les règles de l'art et les ordres de l'ingénieur, lequel fixera l'espèce et la dimension des ouvrages, les détails d'exécution, le système des assemblages, les profils des moulures, la nature et les épaisseurs du bois à employer, et autres indications nécessaires à la confection des ouvrages.

Il sera apporté la plus grande perfection dans les ouvrages de menuiserie ; les

ART. 1er.
Objet de l'entreprise.

ART. 2.
Provenance et qualité des matériaux.
Chêne.

Sapin.

ART. 3.
Mode d'exécution des travaux de menuiserie.

parements bruts seront bien affleurés, ceux corroyés, c'est-à-dire blanchis au rabot et à la varlope, seront parfaitement dressés, les rives bien droites et sans épaufrures.

Dans les parties assemblées les tenons et mortaises seront bien ajustés, et aux parties d'onglet les coupes seront franches, bien raccordées et à joints parfaits.

Dans les parties assemblées à joints plats ou à rainures et languettes, les planches employées devront être de même largeur entre elles et sur toute leur longueur, bien dressées sur toutes leurs faces, et se joindre d'une manière parfaite sur toute leur étendue. Les languettes seront poussées de droit fil et auront pour épaisseur et largeur le tiers de l'épaisseur des planches assemblées.

Toutes menuiseries confectionnées, dont l'exécution serait négligée, ou dans lesquelles il aurait été employé du bois ayant des dimensions inférieures à celles prévues à la série, ou dont les bois seraient vicieux ou qui ne seraient point suffisamment secs, et qui viendraient à se voiler, seront rigoureusement refusées ; les parties déjà posées seront enlevées aux frais de l'entrepreneur, qui supportera également les frais quelconques auxquels cette dépense donnerait lieu.

Les épaisseurs des bois indiquées à la série sont en général celles des bois bruts du commerce. Les ouvrages correspondants à ces diverses épaisseurs seront reçus, mais seulement avec une tolérance de un millimètre à un millimètre et demi en moins pour les bois blanchis d'un côté, et avec deux millimètres à deux millimètres et demi en moins pour les bois blanchis des deux faces.

Art. 4.
Mode d'évaluation des ouvrages de menuiseries.

1° Ouvrages au mètre carré.

Les planchers et parquets de toute espèce seront mesurés au mètre carré de surface apparente en œuvre, sans plus-value pour les cadres des foyers, la foyère n'étant pas déduite du plancher, et déduction faite des vides.

Les tablettes, étagères, rayons d'armoire, etc., seront payés au mètre carré de surface vue sans plus-value pour les tasseaux ; les consoles chantournées ou potences d'assemblages qui les supportent seront comptées à part.

Les cloisons, lambris, plafonds, portes, croisées et châssis vitrés, persiennes, etc., seront mesurés sans développement de moulures, ni de saillies d'aucune espèce.

Les dormants des portes et fenêtres seront toujours mesurés et comptés avec les menuiseries de ces ouvertures, à moins d'indication contraire à la série.

Les ouvrages cintrés pour lesquels il n'y aurait rien de prévu à la série seront évalués ainsi qu'il suit :

Toute la partie cintrée en élévation sera comptée comme carrée, la longueur de la flèche étant comptée en plus-value demie, en sus de sa longueur réelle.

Les surfaces des parties cintrées en plan seront évaluées, savoir :

1° Les parties unies à une fois et demie (1,50) les parties droites de même nature.

2° Les parties moulurées à deux fois les parties droites de même nature.

On comptera au mètre linéaire, à moins d'indications contraires à la série, les ouvrages dont la largeur sera au-dessous de vingt-cinq centimètres ($0^m\ 25$). Ils seront mesurés suivant leur développement linéaire en œuvre.

2° Ouvrages au mètre linéaire.

Les parties cintrées et débillardées sur les deux rives seront payées le double de la valeur des parties droites analogues.

Les parties cintrées et débillardées sur une rive seulement, seront payées un cinquième (1/5) en sus de la valeur des parties droites analogues.

Les ouvrages en bois mince, ployés au moyen de traits de scie et d'immersion, seront payés un cinquième (1/5) en sus de la valeur des ouvrages analogues.

On ne comptera généralement à la pièce que les ouvrages qui, par leurs formes ou leurs dimensions peu régulières, ne pourraient être facilement évalués, soit au mètre carré, soit au mètre linéaire. Ils sont indiqués à la série.

3° Ouvrages comptés à la pièce.

Après l'achèvement des travaux, l'entrepreneur sera tenu de nettoyer toutes les menuiseries, et notamment d'opérer le replanissage définitif des planchers et parquets qui devront être remis en parfait état au moment de la réception provisoire, et d'enlever tous les détritus de son chantier.

Art. 5.
Mode de présentation des ouvrages.

Après la réception des menuiseries à l'atelier et avant l'application de toute peinture, il devra les faire conduire chez le serrurier; si ce dernier doit poser des ferrures sur ces menuiseries, cette sujétion est comprise dans les faux frais de l'entreprise, le serrurier devant à son tour rendre à pied d'œuvre les menuiseries dès qu'elles auront reçu leurs ferrures.

Si les menuiseries doivent être ajustées sur place avant de recevoir les ferrements, ce sera au serrurier à les prendre au bâtiment pour les ferrer et les rapporter pour les mettre en place.

L'entrepreneur sera soumis, sauf les modifications ou dérogations qui pourraient résulter du présent cahier des charges, aux clauses et conditions générales en 32 articles, imposées aux entrepreneurs de la ville de Dijon, dont un exemplaire, visé par le Maire et l'Ingénieur de la Ville, est joint au présent cahier des charges.

Art. 6.
Clauses et conditions générales.

Aucune dérogation, soit au présent devis, soit aux clauses et conditions générales, ne pourra être invoquée par l'entrepreneur qu'en présentant un ordre écrit de l'Ingénieur de la Ville, chargé de la direction des travaux.

SÉRIE DE PRIX

La série à appliquer aux ouvrages, sauf le rabais que l'entrepreneur aura pu consentir, sera la suivante :

Art. 7.
Prix.

Elle comprend tous les frais de fourniture, main-d'œuvre, échafaudages, droits de douane, frais de transports, de brevets, sujétions, enlèvement des détritus de ses chantiers, et enfin 1/20° pour faux frais, et 1/10° pour bénéfices.

BASE DES PRIX

Nota. — Les prix ci-dessous ont été calculés dans l'hypothèse de l'emploi des meilleurs ouvriers.

JOURNÉES

	PRIX BRUTS
Heure de menuisier ou parqueteur....................	» 40

FOURNITURES

Matériaux (bruts, rendus à pied d'œuvre.)

1° Chêne :

	PRIX BRUTS
Chêne de rebut ou dosses pour remplissage, cloison de cave, le mètre cube.................	90 »
Chêne de première qualité de $0^m 054$ jusqu'à $0^m 12$ d'épaisseur pour bâtis, membrure, battant, etc., le mètre cube......	130 »
Planches et lambris depuis $0^m 012$ jusqu'à $0^m 041$ d'épaisseur, le mètre cube.......................	120 »

2° Sapin :

Sapin de rebut ou dosses pour remplissage, etc., le mètre cube.	50 »
Sapin bois d'échantillon, de $0^m 034$ à $0^m 12$ d'épaisseur, pour bâtis, membrure, le mètre cube................	70 »
Planches de sapin ordinaire, de $0^m 027$ d'épaisseur, le mètre superficiel......................	1 70
Lambris renforcé de $0^m 018$ d'épaisseur, le mètre superficiel..	1 40
Id. mince de $0^m 013$ id. id. ..	1 20

3° Clous :

Clous d'épingle de $0^m 054$ à $0^m 11$ le kilogramme........	» 60
Id. fins, au-dessous de $0^m 054$ le kilogramme...	» 90

4° Colle forte :

Colle forte de première qualité, le kilogramme........	1 90

NUMÉROS ET OBJETS DES SOUS-DÉTAILS	DÉTAILS DES FOURNITURES ET DE LA MAIN-D'ŒUVRE	PRIX élémentaires	d'application
1 Heure de menuisier ou parqueteur, *quarante-cinq centimes.*	SOUS-DÉTAILS DE LA MAIN-D'ŒUVRE. Heure de menuisier ou parqueteur, compris faux frais et bénéfices	» 40	» 45
2 Plus-value pour travail exécuté pendant la nuit, par heure, *quinze centimes.*	Plus-value pour heure de nuit, compris faux frais et bénéfices	» 15	» 15
3 Eclairage par heure et par lumière pendant la nuit, *cinq centimes.*	Eclairage par heure et par lumière, compris faux frais et bénéfices	» 05	» 05
4 Chêne de rebut ou dosses, pour remplissage, cloison de cave, etc., le mètre cube, *cent trois francs quatre-vingt-quinze centimes.*	SOUS-DÉTAIL DES FOURNITURES Le mètre cube de chêne de rebut ou dosses pour remplissage, cloison de caves, compris faux frais et bénéfices	90 »	103 95
5 Chêne de première qualité sera payé, le mètre cube, *cent cinquante francs dix centimes.*	Le mètre cube de chêne de première qualité de 0ᵐ 054, jusqu'à 0ᵐ 120 d'épaisseur pour bâtis, membrure, battant, etc., compris faux frais et bénéfices . . .	130 »	150 10
6 Planches et lambris, le mètre cube, *cent trente-huit francs soixante centimes.*	Le mètre cube de planches et lambris depuis 0ᵐ 012, jusqu'à 0ᵐ 041 d'épaisseur, compris faux frais et bénéfices	120 »	138 60
7 Sapin de rebut ou dosses pour remplissage, le mètre cube, *cinquante-sept francs soixante-quinze centimes.*	Le mètre cube de sapin de rebut ou dosses pour remplissage, compris faux frais et bénéfices	50 »	57 75
8 Sapin bois d'échantillon, le mètre cube, *quatre-vingts francs quatre-vingt-cinq centimes.*	Le mètre cube de sapin, bois d'échantillon de 0ᵐ 034 à 0ᵐ 120 d'épaisseur pour bâtis, membrure, etc., compris faux frais et bénéfices	70 »	80 85

NUMÉROS ET OBJETS DES SOUS-DÉTAILS	DÉTAILS DES FOURNITURES ET DE LA MAIN-D'ŒUVRE	PRIX élémentaires	d'application
9 Planches de sapin ordinaire, le mètre superficiel, *un franc quatre-vingt-quinze centimes.*	Le mètre superficiel de planches de sapin ordinaire de 0^m 027 d'épaisseur, compris faux frais et bénéfices.	1 70	1 95
10 Lambris renforcé, le mètre superficiel, *un franc soixante centimes.*	Le mètre superficiel de lambris renforcé de 0^m 018 d'épaisseur, compris faux frais et bénéfices.	1 40	1 60
11 Lambris mince, le mètre superficiel, *un franc quarante centimes.*	Le mètre superficiel de lambris mince de 0^m 013 d'épaisseur, compris faux frais et bénéfices.	1 20	1 40
12 Clous d'épingle de 0^m 054 à 0^m 11, le kilogramme, *soixante-dix centimes.*	Le kilogramme de clous d'épingle de 0^m 054 à 0^m 11, compris faux frais et bénéfices.	» 60	» 70
13 Clous d'épingle fins, au-dessous de 0^m 054, le kilogramme, *un franc.*	Le kilogramme de clous d'épingle fins, au-dessous de 0^m 054, compris faux frais et bénéfices.	» 90	1 »
14 Colle forte, le kilogramme, *deux francs vingt centimes.*	Le kilogramme de colle forte de première qualité, compris faux frais et bénéfices.	1 90	2 20
15 Plancher en sapin cloué sur solives ou sur lambourdes non fournies, en planches entières de toutes longueurs à joints plats, blanchies sur une face, planches de 0^m 027, le mètre superficiel, *trois francs soixante-dix centimes.*	CHAPITRE Ier Ouvrages comptés au mètre superficiel. Art. 1er *Planchers et Parquets.* Planches entières de 0^m 027 : 1^m 10, à 1 fr. 95 [9]... Façon de joints plats. Id. de blanchissage. Id. de pose et replanissage. Pointes pour la pose.	2 15 » 13 » 52 » 67 » 20 3 67	» » » » » » » » » » 3 70
16 Comme ci-dessus, planches de 0^m 034, le mètre superficiel, *quatre francs soixante-dix centimes.*	Planches entières de 0^m 034 : soit 80 fr. 85 [8] × 0^m 034 = 2 fr. 75 d'où 1^m q 10, à 2 fr. 75. Main-d'œuvre de façon et pose.	3 02 1 70 4 72	» » » » 4 70

NUMÉROS ET OBJETS DES SOUS-DÉTAILS	DÉTAILS DES FOURNITURES ET DE LA MAIN-D'ŒUVRE	PRIX élémentaires	d'application
17 Plancher cloué sur solives ou sur lambourdes non fournies, en planches entières de toutes longueurs, à rainures et languettes, blanchies d'une face, planches de 0ᵐ 027, le mètre superficiel, *quatre francs soixante centimes.*	Planches entières de 0ᵐ 027 : 1ᵐ ᵠ 20, à 1 fr. 95 ⁽⁹⁾. Façon de blanchissage. . . . . Id. de rainures et languettes. . . . . : Id. de pose et replanissage. . . . . Faux frais et fournitures.	2 64 » 52 » 50 1 » » 20 ——— 4 56	» » 4 60
18 Comme ci-dessus, en planches de 0,034, le mètre superficiel, *cinq francs soixante centimes.*	Planches entières de 0ᵐ 034 : 1ᵐ ᵠ 20, à 2 fr. 75. . . . Main-d'œuvre de façon et de pose.	3 30 2 30 ——— 5 60	» » 5 60
19 Parquet, lambourdes en chêne, au mètre linéaire ou au mètre superficiel de plancher, toutes fournitures et pose comprise.	Prix moyen par mètre linéaire de lambourde, pose comprise, de 0ᵐ 05 sur 0ᵐ 08. . . . . On comptera : 2ᵐ 50 de lambourdes par mètre superficiel de parquet à l'anglaise, soit par mètre superficiel de plancher, pose comprise . . . . 3ᵐ 00 de lambourdes par mètre superficiel, parquet à point de Hongrie, soit par mètre superficiel de plancher, pose comprise. . . . . La pose du mètre linéaire de lambourdes est comptée à raison de	» 50 1 25 1 50 » 10	» 50 1 25 1 50 » 10
20 Parquet en sapin, lames de largeur uniforme de 0ᵐ 10 ou 0ᵐ 12 de toutes longueurs, à joints croisés, planches de 0ᵐ 027 compris lambourdes, le mètre superficiel, *six francs.*	Lambourdes ⁽¹⁹⁾. . . . . Planches, 1ᵐ ᵠ 20, à 1 fr. 95 ⁽⁹⁾. . . . . Façon de blanchissage. . . . . Id. de rainures et languettes. . . . . Id. de pose et replanissage. . . . . Pointes et faux frais.	1 25 2 34 » 40 » 80 1 » » 20 ——— 5 99	» » » » » » » » » » » » 6 »
21 Parquet comme ci-dessus, lames coupées de 1 à 2ᵐ 00 de longueur, à joints croisés et d'appareil régulier, le mètre superficiel, *six francs quatre-vingts centimes.*	Plus-value de 0 fr. 80 par mètre superficiel, ce qui donne pour prix du mètre superficiel.	6,00 + 0,80	6 80
22 Parquet comme au n° 20, planches de 0ᵐ 034, le mètre superficiel, *six francs quatre-vingt-quinze centimes.*	Planches de 0ᵐ 034, soit 1ᵐ ᵠ 20, à 2 fr. 75. . . . . Lambourdes et façon, etc.	3 30 3 65 ——— 6 95	» » » » 6 95

NUMÉROS ET OBJETS DES SOUS-DÉTAILS	DÉTAILS DES FOURNITURES ET DE LA MAIN-D'ŒUVRE	PRIX élémentaires	d'application
23 Parquet comme ci-dessus, planches de 0ᵐ 034, joints croisés réguliers, le mètre superficiel, *sept francs soixante-quinze centimes.*	Plus-value de 0 fr. 80 par mètre superficiel, d'où prix du mètre superficiel.	6,95+0,80	7 75
24 Parquet en chêne, lames de largeur uniforme de 0ᵐ 10 à 0ᵐ 12 de toutes longueurs, joints croisés, de 0ᵐ 027 d'épaisseur, le mètre superficiel, *dix francs.*	Lambourdes . . . . Planches : 1ᵐ 20 × 0,027, à 138 fr. 60 [6] . . . . Façon de blanchissage . . . . Id. de rainures et languettes . . . . Id. de pose et de replanissage. . . . . Pointes	1 25 4 49 » 80 1 37 1 87 » 20 —— 9 98	» » » » » » » » » » » » —— 10 »
25 Parquet en chêne comme ci-dessus, à lames de 1 à 2ᵐ 00 à joints croisés et réguliers, le mètre superficiel, *onze francs.*	Plus-value de 1 fr. 00, soit le mètre superficiel. . .	11 »	11 »
26 Parquet en chêne, à fougère ou à bâton rompu, lames de 0ᵐ 50 ou 0ᵐ 60 de longueur et 0ᵐ 065 à 0ᵐ 10 de largeur régulière, et 0ᵐ 027 d'épaisseur, le mètre superficiel, *douze francs quatre-vingt-dix centimes.*	Bois : 1ᵐ 30 × 0,027 × 138 fr. 60 [6] . . . . . . Lambourdes [19] . . . . Façon, rainures et languettes, pose et replanissage .	4 86 1 25 6 80 —— 12 91	» » » » » » —— 12 90
27 Parquet comme au n° 26, lames de 0ᵐ 034 d'épaisseur, le mètre superficiel, *quatorze francs vingt centimes.*	Bois : 1,30 × 0,034 × 138 fr. 60 [6] . . . . . . Lambourdes, façon, rainures et languettes, pose et replanissage.	6 13 8 05 —— 14 18	» » » » —— 14 20
28 Parquet en chêne à fougère ou à bâton rompu, lames de 0ᵐ 50 à 0ᵐ 60 de longueur sur 0ᵐ 100 à 0ᵐ 150 de largeur régulière et de 0ᵐ 027 d'épaisseur, le mètre superficiel, *douze francs cinq centimes.*	Bois : 1,25 × 0,027 × 138 fr. 60 [1] . . . . . . Lambourdes [19] . . . . Façon, rainures et languettes, pose et replanissage .	4 68 1 25 6 10 —— 12 03	» » » » » » —— 12 05
29 Parquet en chêne comme le précédent, mais de 0ᵐ 034 d'épaisseur, le mètre superficiel, *treize francs vingt-cinq centimes.*	Bois : 1,25 × 0,034 × 138,60 [6] . . . . Lambourdes, rainures et languettes, façon, pose et replanissage	5 89 7 35 —— 13 24	» » » » —— 13 25

NUMÉROS ET OBJETS DES SOUS-DÉTAILS	DÉTAILS DES FOURNITURES ET DE LA MAIN-D'ŒUVRE	PRIX élémentaires	d'application
30 Plus-values.	Pour des parquets semblables aux quatre précédents, mais dont les lames ont de 0^m 40 à 0^m 50 de longueur, sur les largeurs et épaisseurs ci-dessus, il sera accordé par mètre superficiel de parquet une plus-value de. Pour des parquets dont les lames ont de 0^m 30 à 0^m 40 de longueur, il sera accordé par mètre superficiel une plus-value de.	» » » »	» 50 1 30
31 Parquet en chêne, à point de Hongrie de dessin quelconque, le mètre superficiel.	Frises de 0^m 11 { épaisseur 0^m 027 . . . . { épaisseur 0^m 034 . . . . Frises de 0^m 08 { épaisseur 0^m 027 . . . . { épaisseur 0^m 034	» » » » » » » »	15 » 16 » 15 50 16 70
32 Parquet en chêne, retourné en tous sens, frises de 0^m 08 à 0^m 11 de largeur uniforme et 0^m 027 d'épaisseur, écartement de 0^m 45 à 0^m 50, mesuré entre joints, de milieu en milieu.	Parquet retourné en tous sens, le mètre superficiel : Ecartement de 0^m 45 à 0^m 50 . . . . Ecartement de 0^m 35 à 0^m 45	16 50 17 80	16 50 17 80
33 Parquet en chêne, à compartiments, le mètre superficiel. Plus-value.	Parquet en feuilles ou panneaux de 0^m 027, bâtis de 0^m 034, le mètre superficiel. . . . . Parquet en feuilles ou panneaux de 0^m 034, bâtis de 0^m 041, le mètre superficiel. . . . . NOTA. — Lorsque d'anciens planchers ou parquets seront réparés par petites parties, il sera alloué sur les prix précédents une plus-value de 15 0/0. S'il n'est pas fourni de lambourdes, leur valeur sera déduite du prix du mètre superficiel et la plus-value appliquée au nouveau prix obtenu.	» » » »	17 » 18 50
34 Replanissage, le mètre superficiel.	De parquet en sapin neuf. . . . . Id. en chêne neuf. . . . . Id. en sapin vieux. . . . . Id. en chêne ancien.	» 40 » 50 » 45 » 65	» » » » » » » »
35 Cloison en sapin, en planches non délignées, posées sur lisses avec poteaux pour caves ou greniers, le mètre superficiel, *deux francs trente centimes.*	ART. 2. *Cloisons en planches ou en lames.* Bois : 1^{mq} 10 × 0,027 × 57,75 ^(?) . . . . Façon de pose et dressage des lisses et poteaux . . .	1 72 » 60 2 32	» » » » 2 30
36 Cloisons et lambris en planches entières de 0^m 018 en sapin, deux parements, joints dressés, le mètre superficiel, *trois francs trente centimes.*	ART. 2. *Cloisons, Clôtures, Tablettes, Portes et parties unies en planches entières ou en lames.* Bois : 1^{mq} 10 à 1 fr. 60 le mètre superficiel . . . . . Façon de joints dressés. . . . . Id. de blanchissage . . . . Id. de pose et pointes	1 76 » 15 1 » » 40 3 31	» » » » » » » » 3 30

NUMÉROS ET OBJETS DES SOUS-DÉTAILS	DÉTAILS DES FOURNITURES ET DE LA MAIN-D'ŒUVRE	PRIX élémentaires	d'application
37 Comme ci-dessus, joints rainés, le mètre superficiel, *quatre francs*.	Plus-value de 0^m 70 Soit pour le prix du mètre superficiel	4 01	4 »
38 Cloisons en sapin, en planches entières de 0^m 027, deux parements joints dressés, le mètre superficiel, *trois francs quatre-vingts centimes*.	Bois : 1,10 à 1 fr. 95, le mètre superficiel ⁽⁹⁾ . . . . Façon de joints dressés. . . . . Id. de blanchissage. . . . . Pose et pointes.	2 15 » 20 1 » » 45 3 80	» » » » » » » » 3 80
39 Cloisons, comme ci-dessus, joints rainés, le mètre superficiel, *quatre francs cinquante centimes*.	Plus-value de 0 fr. 70 Soit pour prix du mètre superficiel	4 50	4 50
40 Cloisons en sapin, en planches entières de 0^m 034, deux parements, joints dressés, le mètre superficiel, *quatre francs soixante-dix centimes*.	Bois : 1^m 10 × 0^m 034 × 80 fr. 85 ⁽⁸⁾ . . . . . . Façon de joints dressés, pose et blanchissage. . . .	3 02 1 65 4 67	» » » » 4 70
41 Cloison comme ci-dessus, joints rainés, le mètre superficiel, *cinq francs quarante centimes*.	Plus-value pour rainures, 0 fr. 70. Soit par mètre superficiel.	5 37	5 40
42 Cloison en sapin en planches refendues ou lames, moitié des épaisseurs ci-dessus, deux parements blanchis, joints dressés ou rainés, plus-value, le mètre superficiel, *un franc trente centimes*.	Plus-value pour refente de planches sur les prix ci-dessus, par mètre superficiel.	1 30	1 30
43 Cloison comme ci-dessus, planche refendue ou non, moins-value par mètre superficiel pour le parement laissé brut, *cinquante centimes*.	Moins-value pour le deuxième parement, laissé brut, le mètre superficiel	50	50

NUMÉROS ET OBJETS DES SOUS-DÉTAILS	DÉTAILS DES FOURNITURES ET DE LA MAIN-D'ŒUVRE	PRIX élémentaires	d'application
44 Portes, contrevents, trappons de cave en sapin, emboîture en chêne, haut et bas, barre à queue d'aronde en bas, les joints collés avec clefs en chêne, chevillées à un ou deux vantaux, épaisseur 0ᵐ 027, le mètre superficiel, *six francs cinquante-cinq centimes*.	**Art. 3.** *Portes, Contrevents, Tablettes, etc.* Sapin : 1ᵐ 15 à 1,95 (5) . . . . Chêne : 0ᵐ 003 à 138 fr. 60 (6) . . . . Façon, compris colle.	2 24 » 42 3 90 6 56	» » » » » » 6 55
45 Comme ci-dessus, épaisseur 0ᵐ 034, le mètre superficiel, *sept francs soixante-quinze centimes*.	Sapin : 1ᵐ 15 × 0,034 × 80 fr. 85 (8) . . . . Chêne : 0,035 × 138 fr. 60 (6) . . . . Façon, compris colle.	3 17 » 49 4 10 7 76	» » » » » » 7 75
46 Comme ci-dessus, épaisseur 0ᵐ 041, le mètre superficiel, *huit francs vingt centimes*.	Sapin : 1,15 × 0,041 × 80 fr. 85 (8) . . . . Chêne : 0,004 × 138 fr. 60. . . . . Façon, compris colle.	3 31 0 55 4 32 8 18	» » » » » » 8 20
47 Portes, contrevents, trappons de cave, tout en chêne, de 0,027 d'épaisseur, emboîtures en haut et en bas, joints collés et garnis de clefs chevillées à un ou deux vantaux, le mètre superficiel, *neuf francs trente centimes*.	Chêne : 1,20 × 0,027 × 138 fr. 60 (6) . . . . Façon, compris colle.	4 49 4 80 9 29	» » » » 9 30
48 Comme ci-dessus, épaisseur 0ᵐ 034, le mètre superficiel, *dix francs quatre-vingt-dix centimes*.	Chêne : 1,20 × 0,034 × 138 fr. 60 (6) . . . . Façon, compris colle.	5 66 5 24 10 90	» » » » 10 90
49 Comme ci-dessus, épaisseur 0ᵐ 041, le mètre superficiel, *onze francs quarante centimes*.	Chêne : 1,20 × 0,041 × 138 fr. 60 (6) . . . . Façon, compris colle.	5 68 5 72 11 40	» » » » 11 40
50 Plus-value.	Contrevents avec brisures, sapin, le mètre superficiel. . Id. chêne, id. . . (Les plinthes et socles, rapportés dans le bas des portes ne sont pas compris dans les prix ci-dessus et seront payés séparément d'après les prix de série.)	» 40 » 55	» 40 » 55 obs.

NUMÉROS ET OBJETS DES SOUS-DÉTAILS	DÉTAILS DES FOURNITURES ET DE LA MAIN-D'ŒUVRE	PRIX élémentaires	PRIX d'application
51 Plus-value.	Portes avec bâtis d'assemblage, panneaux arasés sur chaque face : Sapin, le mètre superficiel . . . . . Chêne, id. . . . . . Portes à lames de 0ᵐ 10, égales et parallèles, plus-value de 1/10 sur les prix ci-dessus. . . . . Baguettes poussées sur les joints : Sapin, le mètre linéaire. . . . . . Chêne, id. . . . . . Si les portes sont garnies de jets d'eau en chêne et percées d'ouvertures garnies de lames de persiennes, on appliquera les prix correspondants de mètre linéaire de jet d'eau et du mètre superficiel de persiennes ordinaires.	» 85 1 25 » » » » » »	» 85 1 25 1/10 » 07 » 10
52 Séparations ou écrans pour urinoirs, en chêne ou en sapin, le mètre superficiel.	Séparations pour urinoirs en chêne ou en sapin, assemblées dans une traverse inférieure en chêne, emboîtées et arasées, avec clefs sur la hauteur, le dessus chantourné suivant profil, seront comptées aux prix des articles ci-dessus pour portes et contrevents, en ajoutant par mètre superficiel une plus-value de. . .	» 60	» 60
53 Tablettes pour appui de fenêtres, étagères, rayonnage, etc., dressées, deux parements, sapin de 0ᵐ 013, le mètre superficiel, *trois francs vingt centimes.*	Sapin : 1ᵐ 10, à 1 fr. 40 le mètre superficiel [11] . . . Façon et pose.	1 54 1 66 3 20	» » » » 3 20
54 Comme ci-dessus, sapin de 0ᵐ 018, le mètre superficiel, *trois francs cinquante centimes.*	Sapin : 1ᵐ 10, à 1 fr. 60 le mètre superficiel [10] . . . Façon et pose.	1 76 1 76 3 52	» » » » 3 50
55 Comme ci-dessus, sapin de 0ᵐ 027, le mètre superficiel, *quatre fr.*	Sapin : 1ᵐ 10, à 1 fr. 95 le mètre superficiel [9] . . . Façon et pose.	2 15 1 82 3 97	» » » » 4 »
56 Comme ci-dessus, sapin de 0ᵐ 034, le mètre superficiel, *quatre francs quatre-vingt-cinq centimes.*	Sapin : 1ᵐ 10 × 0,034 × 80 fr. 85 [8] . . . . Façon et pose.	3 02 1 82 4 84	» » » » 4 85
57 Tablettes, comme ci-dessus, dressées, deux parements, chêne de 0ᵐ 018, le mètre superficiel, *quatre francs cinquante centimes.*	Chêne : 1ᵐ 10 × 0,013 × 138 fr. 60 [6] . . . . Façon et pose.	1 98 2 50 4 48	» » » » 4 50

NUMÉROS ET OBJETS DES SOUS-DÉTAILS	DÉTAILS DES FOURNITURES ET DE LA MAIN-D'ŒUVRE	PRIX élémentaires	d'application
58 Comme ci-dessus, chêne de 0^m 018, le mètre superficiel, *cinq francs vingt-cinq centimes*.	Chêne : 1^m 10 × 0,018 × 138 fr. 60 ⁽⁶⁾ . . . . . Façon et pose	2 74 2 4 5 25	» » » » 5 25
59 Comme ci-dessus, chêne de 0^m 027, le mètre superficiel, *six francs soixante centimes*.	Chêne : 1^m 10 × 0,027 × 138 fr. 60 ⁽⁶⁾ . . . . Façon et pose	4 11 2 50 6 61	» » » » 6 60
60 Comme ci-dessus, chêne de 0^m 034, le mètre superficiel, *sept francs quatre-vingts centimes*.	Chêne : 1^m 10 × 0,034 × 138 fr. 60 ⁽⁶⁾ . . . . Façon et pose	5 18 2 60 7 78	» » » » 7 80

61
Moulures.
	Plus-value pour moulure sur la rive :
	    Sapin, le mètre linéaire. . . .
	    Chêne, id. . . . .
		» 12
		» 16
			» 12
			» 16

62 Plus-value, sur les prix ci-dessus pour tablettes rainées et collées, le mètre superficiel.	Plus-value sur les prix ci-dessus : Pour tablettes rainées et collées, deux parements, par mètre superficiel 1/10.	1/10	1/10

63
Tiroirs et casiers, le mètre superficiel.
	Les tiroirs et casiers fonds et côtés seront payés comme tablettes rainées et collées, il sera alloué pour tenir compte des assemblages à queue d'aronde et des sujétions une plus-value par mètre superficiel :
	    Pour le sapin, le mètre superficiel. .
	    Pour le chêne, id. . .
	Nota. Les nervures, moulures, etc., seront comptées à part ainsi que les tasseaux.
		» »
		» »
			1 30
			1 50

64 Siéges d'aisances, au mètre superficiel, plus-value pour le trou, *un franc*.	Dessus et devant seront comptés comme lambris d'assemblage dans leur espèce ou comme tablettes pour les parties non assemblées. Plus-value pour le trou.	1 »	1 »
65 Châssis vitrés avec feuillure à verre d'un côté, ravalés de moulures de l'autre, compris le dormant, sapin de 0^m 027 à grands carreaux, le mètre superficiel, *cinq francs quarante centimes*.	Art. 4. *Châssis.* 1° CHASSIS EN SAPIN Bâtis et petits bois : 0,65, à 1 fr. 95 ⁽⁹⁾ . . . . . . Façon et pose . . . . **Nota.** Seront considérés comme châssis à grands carreaux, ceux qui n'auront pas plus de 6 carreaux par mètre superficiel.	1 27 4 10 5 37	» » » » 5 40

— 14 —

NUMÉROS ET OBJETS DES SOUS-DÉTAILS	DÉTAILS DES FOURNITURES ET DE LA MAIN-D'ŒUVRE	PRIX élémentaires	d'application
66 Châssis vitré comme ci-dessus, à petits carreaux, le mètre superficiel, *cinq francs quatre-vingt-quinze centimes.*	Bâtis et petits bois : 0,75 × 1 fr. 95 [9]...... Façon et pose..................	1 46 4 50 5 96	» » » » 5 95
67 Châssis vitré, comme au n° 65, sapin de 0,034, à grands carreaux, le mètre superficiel, *six francs cinq centimes.*	Bâtis et petits bois : 0,65 × 0,034 × 80 fr. 85 [8]... Façon et pose................	1 79 4 25 6 04	» » » » 6 05
68 Comme le précédent, à petits carreaux, le mètre superficiel, *six francs soixante-quinze centimes.*	Bâtis et petits bois : 0,75 × 0,034 × 80 fr. 85 [8]... Façon et pose................	2 06 4 70 6 76	» » » » 6 75
69 Châssis vitré comme ci-dessus, sapin de 0,041, à grands carreaux, le mètre superficiel, *six francs quatre-vingt-dix centimes.*	Bâtis et petits bois : 0,65 × 0,041 × 80 fr. 85 [8]... Façon et pose................	2 15 4 75 6 90	» » » » 6 90
70 Comme ci-dessus, à petits carreaux, le mètre superficiel, *sept francs quarante-cinq centimes.*	Bâtis et petits bois : 0,75 × 0,041 × 80 fr. 85 [8]... Façon et pose................	2 49 4 95 7 44	» » » » 7 45
71 Châssis vitré, comme ci-dessus, sapin de 0,054, à grands carreaux, le mètre superficiel, *sept francs quatre-vingt-dix centimes.*	Bâtis et petits bois : 0,65 × 0,054 × 80 fr. 85 [8]... Façon et pose................	2 84 5 05 7 89	» » » » 7 90
72 Comme ci-dessus à petits carreaux, le mètre superficiel, *huit francs quatre-vingt-dix centimes.*	Bâtis et petits bois : 0,75 × 0,054 × 80 fr. 85 [8]... Façon et pose................	3 27 5 65 8 92	» » » » 8 90
73 Châssis vitrés avec feuillures à verre d'un côté et ravalé de moulures de l'autre, compris le dormant, chêne de 0,027, grands carreaux, le mètre superficiel, *sept francs quatre-vingts centimes.*	2° CHASSIS EN CHÊNE Bâtis et petits bois : 0,048 × 138 fr. 60 [6].... Façon et pose................	 2 49 5 33 7 82	» » » » » 7 80

NUMÉROS ET OBJETS DES SOUS-DÉTAILS	DÉTAILS DES FOURNITURES ET DE LA MAIN-D'OEUVRE	PRIX élémentaires	d'application
74 Comme ci-dessus, chêne de 0ᵐ 027, petits carreaux, le mètre superficiel, *huit francs quarante centimes*.	Bâtis et petits bois : 0,02, à 138 fr. 60 ⁽⁶⁾ . . . . . Façon et pose	2 77 5 64 8 41	» » » » 8 40
75 Châssis comme ci-dessus, chêne de 0ᵐ 034, grands carreaux, le mètre superficiel, *huit francs soixante-dix centimes*.	Bâtis et petits bois : 0,023, à 138 fr. 60 ⁽⁶⁾ . . . . . Façon et pose	3 19 5 48 8 67	» » » » 8 70
76 Comme ci-dessus, à petits carreaux, le mètre superficiel, *dix francs cinq centimes*.	Bâtis et petits bois : 0,027 × 138 fr. 60 ⁽⁶⁾ . . . . . Façon et pose	3 74 6 30 10 04	» » » » 10 05
77 Châssis comme ci-dessus, chêne de 0ᵐ 041, grands carreaux, le mètre superficiel, *neuf francs soixante-cinq centimes*.	Bâtis et petits bois : 0,028 × 138 fr. 60 ⁽⁶⁾ . . . . . Façon et pose	3 88 5 78 9 66	» » » » 9 65
78 Comme ci-dessus, chêne de 0ᵐ 041 petits carreaux, le mètre superficiel, *dix francs quatre-vingt-dix centimes*.	Bâtis et petits bois : 0,031, à 138 fr. 60 ⁽⁶⁾ . . . . . Façon et pose	4 30 6 60 10 90	» » » » 10 90
79 Châssis, comme ci-dessus, chêne de 0ᵐ 054, grands carreaux, le mètre superficiel, *onze francs vingt centimes*.	Bâtis et petits bois : 0,036, à 138 fr. 60 ⁽⁶⁾ . . . . . Façon et pose	4 99 6 20 11 19	» » » » 11 20
80 Comme ci-dessus, chêne de 0ᵐ 054, petits carreaux, le mètre superficiel, *treize francs*.	Bâtis et petits bois : 0,042, à 138 fr. 60 ⁽⁶⁾ . . . . . Façon et pose . . . . Nota. — Les châssis vitrés posés à poste fixe ou ceux posés sans dormants seront payés un dixième en moins (1/10) des prix de la série.	5 82 7 20 13 02	» » » » 13 »
81 Châssis, plus-value.	Pour les châssis, ouvrant sur petits bois, il sera ajouté 0ᵐ 10 à la hauteur. Plus-value pour carreaux à losanges, par chaque losanges : Sapin . . . . Chêne	» » » 90 » »	» » » 95 1 35

NUMÉROS ET OBJETS DES SOUS-DÉTAILS	DÉTAILS DES FOURNITURES ET DE LA MAIN-D'OEUVRE	PRIX élémentaires	d'application
81 (*Suite.*) Châssis, plus-value.	Plus-value pour carreaux à la grecque, par chaque grecque : Sapin................ Chêne................. Plus-value pour carreaux à coins ronds tournés, par coin rond : Sapin................ Chêne................. Plus-value pour carreaux à angles arrondis, par chaque angle arrondi : Sapin................ Chêne................. Plus-value pour carreaux à triglyphes, par triglyphes : Sapin................ Chêne................. Plus-value pour carreaux à croix de St. André, la pièce : Sapin................ Chêne................. Plus-value pour carreaux à ogive simple, la pièce : Sapin................ Chêne................. Plus-value pour carreaux à ogive double ou entrelacée, la pièce : Sapin................ Chêne................. Si les petits bois sont en fer ou en cuivre, posés par le menuisier, les mêmes prix seront appliqués. Toute partie cintrée en élévation sera comptée carrée, la flèche du cintre étant 1 1/2 fois plus grande que sa longueur réelle.	» » » » » » » » » » » » » » »	» 70 » 95 » 40 » 50 » 60 » 80 » 90 1 20 1 10 1 35 1 10 1 30 1 80 2 20
82 Châssis, plus-value.	Les parties cintrées en plan seront payées le double des prix ci-dessus................		2 fois.
83 Châssis à tabatière.	Ils seront payés comme bâtis, suivant leur construction.		
84 Portes et cloisons vitrées.	Les parties vitrées seront mesurées jusqu'au milieu de la traverse d'appui et comptées comme châssis. Les parties à panneaux seront payées comme lambris de l'espèce à laquelle elles appartiendront, en mesurant jusqu'au milieu de la traverse d'appui.		
85 Croisées en chêne, à gueule de loup, à grands carreaux, jet d'eau et pièce d'appui, bâtis de 0ᵐ 034, dormant de 0ᵐ 05, sans imposte, le mètre superficiel, *dix francs soixante-dix centimes*.	ART. 5. *Croisées ouvrant à noix et à gueule de loup.* Bâtis et petits bois : 0,014, à 138 fr. 60 [6].... Dormant, jet d'eau et appui : 0,017, à 150 fr. 10 [5]. Façon et ajustage................	1 94 2 55 6 20 10 69	» » » » » » 10 70

NUMÉROS ET OBJETS DES SOUS-DÉTAILS	DÉTAILS DES FOURNITURES ET DE LA MAIN-D'ŒUVRE	PRIX élémentaires	d'application
86 Comme ci-dessus avec imposte ouvrante, le mètre superficiel, *treize francs dix centimes.*	Bâtis et petits bois : 0,020, à 138 fr. 60 [6] . . . . . Dormant, traverse d'imposte, jet d'eau et pièce d'appui : 0,021, à 150 fr. 10 [5] . . . . Façon et ajustage . . . . Plus value pour imposte	2 77 3 15 6 20 1 » 13 12	» » » » » » » » 13 10
87 Comme ci-dessus avec imposte dormante, le mètre superficiel, *douze francs soixante-dix centimes.*	Bâtis et petits bois : 0,019, à 138 fr. 60 [6] . . . . . Dormant, traverse d'imposte, jet d'eau et appui : 0,021, à 150 fr. 10 [5] . . . . Façon et ajustage . . . . Plus-value d'imposte	2 63 3 15 6 20 » 73 12 71	» » » » » » » » 12 70
88 Croisées en chêne, à gueule de loup, à grands carreaux, jets d'eau et pièce d'appui, bâtis de 0m 041, dormant de 0m 06, sans imposte, le mètre superficiel. *onze francs cinquante-cinq centimes.*	Bâtis et petits bois : 0,017, à 138 fr. 60 [6] . . . . . Dormant, jet d'eau et pièce d'appui : 0,020, à 150 fr. 10 [5] Façon et ajustage	2 36 3 » 6 20 11 56	» » » » » » 11 55
89 Comme ci-dessus avec imposte ouvrante, le mètre superficiel, *quatorze francs quinze centimes.*	Bâtis et petits bois : 0,023 × 138 fr. 60 [6] . . . . . Dormant, traverse d'imposte, jet d'eau et pièce d'appui : 0,025 × 150 fr. 10 [5] . . . . Façon et ajustage . . . . Plus-value de façon d'imposte	3 19 3 75 6 20 1 » 14 14	» » » » » » » » 14 15
90 Comme ci-dessus avec imposte dormante, le mètre superficiel, *treize francs soixante-dix centimes.*	Bâtis et petits bois : 0m 022 × 138 fr. 60 [6] . . . . Dormant, traverse d'imposte, jet d'eau et pièce d'appui : 0,025 × 150 fr. 10 [5] . . . . Façon et ajustage . . . . Plus-value de façon d'imposte	3 05 3 75 6 20 » 72 13 72	» » » » » » » » 13 70
91 Croisées, plus-values.	Plus-value pour croisée à petits bois verticaux, par mètre superficiel . . . . Il sera alloué en plus-value ou en moins-value, pour chaque centimètre d'épaisseur du bâtis, en plus ou en moins par mètre superficiel, une somme de . . . . Plus-value pour croisées à dormants, destinés à recevoir des volets ou persiennes jusqu'à 0,076 × 0 fr. 11, le mètre superficiel . . . . Les surépaisseurs des dormants seront comptées comme bâtis corroyés.	» » » » » » 	1 80 2 » 1 70

NUMÉROS ET OBJETS DES SOUS-DÉTAILS	DÉTAILS DES FOURNITURES ET DE LA MAIN-D'ŒUVRE	PRIX élémentaires	d'application
91 (suite).	Toute partie cintrée en élévation, sera comptée carrée, la longueur de la flèche étant prise en plus-value égale à 1 1/2 fois sa longueur réelle. Les parties cintrées en plan et en profil seront payées le double des prix ci-dessus. Portes extérieures ou à balcon, vitrées en haut et pleines en bas, seront payées comme croisées dans toute leur surface vitrée et les panneaux, non compris le bâtis, comme lambris dans leur espèce.		
92 Impostes dormantes plein cintre ou ellipse en chêne, à dessin rayonnant vers le centre, avec jet d'eau, bâtis de 0,04 à 0,05, le mètre superficiel, *seize francs vingt centimes.*	Art. 6. *Impostes dormantes et ouvrantes.* Nota. — Les impostes seront comptées carrées, et la flèche sera prise égale à 1 1/2 sa longueur réelle. Bâtis et petits bois : 0,052, à 138 fr. 60 (6) . . . . Jet d'eau, 0,011, à 150 fr. 10 (5) . . . . Façon d'imposte et ajustage. . . . . Façon de jet d'eau.	7 21 1 65 6 14 1 22 16 22	» » » » » » » » 16 20
93 Impostes ouvrantes comme ci-dessus, le mètre superficiel, *vingt francs quarante centimes.*	Bâtis et petits bois : 0,052, à 138 fr. 60 (6) . . . . . Jet d'eau : 0,011, à 150 fr. 10 (5) . . . . Traverse d'imposte : 0,004, à 150 fr. 10 (5) . . . . Façon d'imposte et ajustage. . . . . Façon de jet d'eau. . . . . Façon de traverse d'imposte.	7 21 1 65 » 60 8 60 1 32 1 02 20 40	» » » » » » » » » » » » 20 40
94 Jalousies d'au moins 1m 00 de largeur, planches de pavillon de 0,027, à découpures en sapin, planches à bascule de 0,038 en sapin et chaîne en fil de fer, tout compris, le mètre superficiel, *dix francs soixante centimes.*	Art. 7. *Jalousies garnies de cordes et rubans.* Lames : 17m 00, à 0 fr. 10. . . . . Planche de pavillon de 0m 027 : 0,15, à 1 fr. 95 (8) . . . Planche à bascule : 0,10 × 0,041 × 80 fr. 85 (8) . . . Poulies et pivots . . . . Chaîne en fil de fer : 3m 00 × 0 fr. 80. . . . . . Corde : 5m 00, à 0 fr. 05 . . . . Clous à crochet. . . . . Façon et pose.	1 70 » 29 » 33 1 30 2 40 » 25 » 10 4 20 10 57	» » » » » » » » » » » » » » » » 10 60
95 Moins-value pour chaîne en rubans, le mètre superficiel, *dix francs vingt centimes.*	Le mètre superficiel sera payé : 0 fr. 40 en moins, soit pour prix du mètre superficiel.	» »	10 20
96 Plus-value, les lames, planches, etc. étant en chêne, le mètre superficiel, *douze francs soixante centimes.*	Le mètre superficiel sera payé 2 fr. 00 en plus, soit pour prix du mètre superficiel.	» »	12 60

NUMÉROS ET OBJETS DES SOUS-DÉTAILS	DÉTAILS DES FOURNITURES ET DE LA MAIN-D'ŒUVRE	PRIX élémentaires	d'application
97 Persiennes en chêne à 2 vantaux, bâtis de 0,034 le mètre superficiel, *douze francs quatre-vingt-dix centimes*.	Art. 8. *Persiennes sans dormants.* Bâtis : 0,018 Lames : 0,012 0,030 à 138 fr. 60 [6] . . . . Sciage des lames : 0,50, à 1 fr. . . . . Façon et ajustage.	4 16 » 50 8 22 12 88	» » » » » » 12 90
98 Comme ci-dessus, bâtis de 0^m 041, le mètre superficiel, *treize francs quatre-vingt-cinq centimes*.	Bâtis : 0,027 Lames : 0,010 0,037, à 138 fr. 60 [6] . . . . Sciage des lames : 0,50 à 1 fr. . . . . Façon et ajustage.	5 13 » 50 8 22 13 85	» » » » » » 13 85
99 Persiennes brisées.	Il sera alloué une plus-value de un demi sur les prix précédents. Pour persiennes en chêne brisées par parties 0^m 30 à 0^m 40 de largeur, pour se reployer dans les tableaux, soit en 1er lieu . . . . Soit en 2e lieu	» » » »	19 35 20 80
99 (*bis*). Persiennes. Plus-value.	Plus-value pour persiennes d'appui à coulisses, le mètre superficiel. . . . . Plus-value pour persiennes ouvrantes sur dormants, le mètre superficiel . . . . Plus-value pour persiennes circulaires en plan, le double des prix ci-dessus. . . . . Plus-value pour persiennes circulaires en élévation, tout compris. . . . . La partie cintrée sera comptée comme rectangulaire et la flèche sera prise égale à 1 1/2 fois sa longueur réelle en plus-value.	» » » » » » » »	1 50 3 » 2 fois 1 1/2 fois
100 **Lambris d'assemblage sans plate-bandes à glace**, bâtis de 0^m 027, panneaux de 0^m 013. Tout en sapin, brut derrière, le mètre superficiel, *cinq francs soixante centimes*.	Art. 9. *Lambris d'assemblage à glace.* Bâtis : 0,68 à 1 fr. 95, le mètre superficiel [9] Panneaux : 0,57 à 1 fr. 40, le mètre superficiel [11] . . Façon et pose.	1 33 » 80 3 45 5 58	» » » » » » 5 60
101 Comme ci-dessus, à glace au 2e parement, le mètre superficiel, *cinq francs quatre-vingt-dix centimes*.	Bâtis et panneaux. . . . . Façon et pose.	2 13 3 75 5 88	» » » » 5 90

NUMÉROS ET OBJETS DES SOUS-DÉTAILS	DÉTAILS DES FOURNITURES ET DE LA MAIN-D'ŒUVRE	PRIX élémentaires	PRIX d'application
102 **Lambris d'assemblage sans plate-bandes à glace, bâtis de 0ᵐ 027, panneaux de 0ᵐ 013.** Bâtis *chêne* de 0ᵐ 027, panneaux sapin de 0ᵐ 013, brut derrière, le mètre superficiel, *sept francs quarante centimes*.	Bâtis : 0,018, à 138 fr. 60 le mètre cube ⁽⁶⁾ . . . . Panneaux : 0,57, à 1 fr. 40 ⁽¹¹⁾ . . . . Façon et pose	2 49 » 80 4 10 —— 7 39	» » » » » » 7 40
103 Comme ci-dessus, à glace au 2ᵉ parement, le mètre superficiel, *sept francs quatre-vingt-dix centimes*.	Bâtis et panneaux. . . . . Façon et pose	3 29 4 61 —— 7 90	» » » » 7 90
104 Comme ci-dessus, tout chêne, brut derrière, le mètre superficiel, *huit francs soixante centimes*.	Bâtis : 0,018, à 138 fr. 60 ⁽⁶⁾ . . . . Panneaux : 0,072, à 138 fr. 60 ⁽⁶⁾ . . . . Façon et pose.	2 49 1 » 5 11 —— 8 60	» » » » » » 8 60
105 Comme ci-dessus, à glace au 2ᵉ parement, le mètre superficiel, *neuf francs trente centimes*.	Bâtis et panneaux. . . . . Façon et pose.	3 49 5 80 —— 9 29	» » » » 9 30
106 **Lambris d'assemblage sans plate-bandes, bâtis de 0ᵐ 034, panneaux de 0ᵐ 018.** Tout sapin, brut derrière, le mètre superficiel, *six francs quarante centimes*.	Bâtis : 0,68 × 0,034 × 80 fr. 85 ⁽⁸⁾ . . . . Panneaux : 0,57 × 1 fr. 60 ⁽¹⁰⁾ . . . . Façon et pose	1 87 » 91 3 60 —— 6 38	» » » » » » 6 40
107 Comme ci-dessus, à glace au 2ᵉ parement, le mètre superficiel, *six francs quatre-vingts centimes*.	Bâtis et panneaux. . . . . Façon et pose.	2 78 4 » —— 6 78	» » » » 6 80
108 Lambris d'assemblage sans plate-bande, à glace, bâtis en chêne de 0,034, panneaux de 0ᵐ 018 en sapin, brut derrière, le mètre superficiel, *huit francs cinquante centimes*.	Bâtis : 0,022, à 138 fr. 60 ⁽⁶⁾ . . . . Panneaux : 0,57, à 1 fr. 60 ⁽¹⁰⁾ . . . . Façon et pose.	3 05 » 91 4 54 —— 8 50	» » » » » » 8 50

NUMÉROS ET OBJETS DES SOUS-DÉTAILS	DÉTAILS DES FOURNITURES ET DE LA MAIN-D'ŒUVRE	PRIX élémentaires	d'application
109 Lambris d'assemblage sans plate-bandes, bâtis de 0ᵐ 034, panneaux de 0ᵐ 018, bâtis en chêne à glace. Au 2ᵉ parement, le mètre superficiel, *neuf francs*.	Bâtis et panneaux. . . . . Façon et pose.	3 96 5 04 9 »	» » » » 9 »
110 Comme ci-dessus, tout en *chêne*, brut derrière, le mètre superficiel, *dix francs dix centimes*.	Bâtis : 0,022, à 138 fr. 60 (⁶). . . . . Panneaux : 0,011, à 138 fr. 60 (⁶) . . . . . Façon et pose.	3 05 1 52 5 50 10 07	» » » » » » 10 10
111 Comme ci-dessus, à glace au 2ᵉ parement, le mètre superficiel, *dix francs soixante-quinze centimes*.	Bâtis et panneaux. . . . . Façon et pose.	4 57 6 20 10 77	» » » » 10 75
112 Lambris d'assemblage sans plate-bandes, à glace, bâtis de 0ᵐ 041, panneaux de 0ᵐ 027. Tout sapin, brut derrière, le mètre superficiel, *sept francs quinze centimes*.	Bâtis : 0,68 × 0,041 × 80 fr. 85 (⁶). . . . . Panneaux : 0,57 × 1 fr. 95 (⁹) . . . . Façon et pose.	2 25 1 11 3 80 7 16	» » » » » » 7 15
113 Comme ci-dessus, à glace au 2ᵉ parement, le mètre superficiel, *sept francs cinquante-cinq centimes*.	Bâtis et panneaux. . . . . Façon et pose.	3 36 4 20 7 56	» » » » 7 55
114 Comme ci-dessus, bâtis chêne de 0,041, panneaux de 0,027 en sapin, brut derrière, le mètre superficiel, *neuf francs quarante centimes*.	Bâtis : 0,026 × 138 fr. 60 (⁶). . . . . Panneaux : 0,57 × 1 fr. 95 (⁹) . . . . Façon et pose.	3 60 1 11 4 70 9 41	» » » » » » 9 40
115 Comme ci-dessus, à glace au 2ᵉ parement, le mètre superficiel, *neuf francs quatre-vingt-quinze centimes*.	Bâtis et panneaux. . . . . Façon et pose.	4 71 5 25 9 96	» » » » 9 95

NUMÉROS ET OBJETS DES SOUS-DÉTAILS	DÉTAILS DES FOURNITURES ET DE LA MAIN-D'ŒUVRE	PRIX élémentaires	d'application
116 Lambris d'assemblage sans plate-bandes, à glace, bâtis de 0^m 041, panneaux de 0^m 027. Tout chêne, brut derrière, le mètre superficiel, *onze francs cinquante centimes.*	Bâtis : 0,026 Panneaux : 0,015 $\overline{0,041}$ × 138 fr. 60 [6]........ Façon et pose................	5 68 5 80 11 48	» » » » 11 50
117 Comme ci-dessus, à glace au 2e parement, le mètre superficiel, *douze francs vingt centimes.*	Bâtis et panneaux............. Façon et pose................	5 68 6 50 12 18	» » » » 12 20
118 Lambris d'assemblage sans plate-bandes, arasé, bâtis de 0^m 027, panneaux de 0^m 018. Tout sapin, brut derrière, le mètre superficiel, *cinq francs soixante-cinq centimes.*	Art. 10. *Lambris d'assemblage arasé.* Bâtis : 0,68, à 1 fr. 95 le mètre superficiel [9].... Panneaux : 0,57, à 1 fr. 60 [10]........ Façon et pose................	1 33 » 91 3 40 5 64	» » » » » » 5 65
119 Comme ci-dessus, à glace au 2e parement, le mètre superficiel, *six francs quinze centimes.*	Bâtis et panneaux............. Façon et pose................	2 24 3 90 6 14	» » » » 6 15
120 Comme ci-dessus, bâtis *chêne,* panneaux *sapin,* brut derrière, le mètre superficiel, *sept francs soixante centimes.*	Bâtis : 0,018, à 138 fr. 60 [6]......... Panneaux : 0,57, à 1 fr. 60 [10]........ Façon et pose................	2 49 » 91 4 20 7 60	» » » » » » 7 60
121 Comme ci-dessus, à glace au 2e parement, le mètre superficiel, *huit francs vingt centimes.*	Bâtis et panneaux............. Façon et pose................	3 40 4 80 8 20	» » » » 8 20
122 Comme ci-dessus, tout chêne, brut derrière, le mètre superficiel, *neuf francs soixante-dix centimes.*	Bâtis : 0,018 Panneaux : 0,011 $\overline{0,029}$ × 138 fr. 60 [6]........ Façon et posé................	4 02 5 10 9 12	» » » » 9 10

NUMÉROS ET OBJETS DES SOUS-DÉTAILS	DÉTAILS DES FOURNITURES ET DE LA MAIN-D'ŒUVRE	PRIX élémentaires	d'application
123 Lambris d'assemblage sans plate-bandes, arasé, bâtis de 0ᵐ 027, panneaux de 0ᵐ 018. Tout chêne, à glace au 2ᵉ parement, le mètre superficiel, *neuf francs quatre-vingt-dix centimes.*	Bâtis et panneaux. . . . . Façon et pose.	4 02 5 90 9 92	» » » » 9 90
124 Lambris d'assemblage sans plate-bandes, arasé, bâtis et panneaux de 0,027. Tout sapin, brut derrière, le mètre superficiel, *cinq francs quatre-vingt-quinze centimes.*	Bâtis : 0,68, à 1 fr. 95 ⁽⁹⁾ . . . . Panneaux : 0,57, à 1 fr. 95 ⁽⁹⁾. . . . . Façon et pose	1 33 1 11 3 50 5 94	» » » » » » 5 95
125 Comme ci-dessus, arasé au 2ᵉ parement, le mètre superficiel, *six francs trente-cinq centimes.*	Bâtis et panneaux. . . . . Façon et pose.	2 44 3 90 6 34	» » » » 6 35
126 Comme ci-dessus, bâtis chêne, panneaux sapin, brut derrière, le mètre superficiel, *sept francs quatre vingt-cinq centimes.*	Bâtis : 0,018, à 138 fr. 60 ⁽⁶⁾ . . . . Panneaux : 0,57, à 1 fr. 95 ⁽⁹⁾. . . . . Façon et pose.	2 49 1 11 4 25 7 85	» » » » » » 7 85
127 Comme ci-dessus, bâtis chêne, arasé au 2ᵉ parement, le mètre superficiel, *huit francs quarante centimes.*	Bâtis et panneaux. . . . . Façon et pose.	3 60 4 80 8 40	» » » » 8 40
128 Comme ci-dessus, tout chêne, brut derrière, le mètre superficiel, *neuf francs soixante-dix centimes.*	Bâtis : 0,018 Panneaux : 0,015 0,033, à 138 fr. 60 ⁽⁶⁾. . . . . Façon et pose.	4 57 5 15 9 72	» » » » 9 70
129 Comme ci-dessus, tout chêne, arasé au 2ᵉ parement, le mètre superficiel, *dix francs cinquante centimes.*	Bâtis et panneaux. . . . . Façon et pose.	4 57 5 90 10 47	» » » » 10 50

NUMÉROS ET OBJETS DES SOUS-DÉTAILS	DÉTAILS DES FOURNITURES ET DE LA MAIN-D'ŒUVRE	PRIX élémentaires	d'application
130 Lambris d'assemblage sans plates-bandes, arasé, bâtis de 0^m 034, panneaux de 0^m 027. Tout sapin, brut derrière, le mètre superficiel, *six francs soixante-dix centimes*.	Bâtis : $0,68 \times 0,034 \times 80$ fr. 85 [8] .... Panneaux : $0,57 \times 1$ fr. 95 [9] .... Façon et pose.................	1 87 1 11 3 60 6 58	» » » » » » 6 60
131 Comme ci-dessus, à glace au 2e parement, le mètre superficiel, *sept francs vingt centimes*.	Bâtis et panneaux........... Façon et pose	2 98 4 20 7 18	» » » » 7 20
132 Comme ci-dessus, bâtis de 0^m 034, chêne, panneaux sapin de 0^m 027, brut derrière, le mètre superficiel, *huit francs soixante-cinq centimes*.	Bâtis : 0^m 022 × 138 fr. 60 [6] ...... Panneaux : 0^m 57 à 1 fr. 95 [9] .... Façon et pose	3 05 1 11 4 48 8 64	» » » » » » 8 65
133 Comme ci-dessus, bâtis chêne, panneaux sapin, à glace au 2e parement, le mètre superficiel, *neuf francs trente centimes*.	Bâtis et panneaux............. Façon et pose	4 16 5 12 9 28	» » » » 9 30
134 Comme ci-dessus, tout chêne, brut derrière, le mètre superficiel, *dix francs cinquante-cinq centimes*.	Bâtis : 0,022 $\}$ $0,037 \times 138$ fr. 60 [6] .... Panneaux : 0,015 Façon et pose........	5 13 5 42 10 55	» » » » 10 55
135 Comme ci-dessus, tout chêne, à glace au 2e parement, le mètre superficiel, *onze francs trente-cinq centimes*.	Bâtis et panneaux.......... Façon et pose	5 13 6 20 11 33	» » » » 11 35
136 Lambris d'assemblage sans plates-bandes, arasé, bâtis et panneaux de 0^m 034. Tout sapin, brut derrière, le mètre superficiel, *sept francs cinq centimes*.	Bâtis : 0,68 $\}$ $1,25 \times 0,034 \times 80$ fr. 85 [8] ... Panneaux : 0,57 Façon et pose	3 44 3 60 7 04	» » » » 7 05

NUMÉROS ET OBJETS DES SOUS-DÉTAILS	DÉTAILS DES FOURNITURES ET DE LA MAIN-D'ŒUVRE	PRIX élémentaires	PRIX d'application
137 **Lambris d'assemblage sans plates-bandes, arasé, bâtis et panneaux de $0^m 034$.** Arasé au 2e parement, le mètre superficiel, *sept francs soixante-dix centimes*.	Bâtis et panneaux............	3 44 4 24 7 68	» » » » 7 70
138 Bâtis chêne, panneaux sapin, brut derrière, le mètre superficiel, *sept francs cinquante centimes*.	Bâtis : 0,022, à 138 fr. 60 .... Panneaux : 0,57 à 0,034 × 80 fr. 85 [8]....... Façon et pose...............	3 05 1 57 4 48 9 10	» » » » » » 9 10
139 Comme ci-dessus, bâtis chêne, panneaux sapin, arasé aux deux parements, le mètre superficiel, *neuf francs soixante-quinze centimes*.	Bâtis et panneaux............ Façon et pose...............	4 62 5 12 9 74	» » » » 9 75
140 Comme ci-dessus, bâtis et panneaux de 0,034, tout chêne, brut derrière, le mètre superficiel, *dix francs quatre-vingt-quinze centimes*.	Bâtis : 0,022 Panneaux : 0,018 } 0,04 × 138 fr. 60 [6] .... Façon et pose...............	5 54 5 42 10 96	» » » » 10 95
141 Comme ci-dessus, tout chêne, arasé au 2e parement, le mètre superficiel, *onze francs soixante-quinze centimes*.	Bâtis et panneaux............ Façon et pose................	5 54 6 20 11 74	» » » » 11 75
142 **Lambris d'assemblage sans plates-bandes, arasé, bâtis de $0^m 041$, panneaux de $0^m 034$.** Tout sapin, brut derrière, le mètre superficiel, *sept francs soixante centimes*.	Bâtis : 0,68 × 0,041 × 80 fr. 85 [8] .... Panneaux : 0,57 × 0,034 × 80 fr. 85 [8] ..... Façon et pose...............	2 25 1 57 3 80 7 62	» » » » » » 7 60
143 Comme ci-dessus, à glace au 2e parement, le mètre superficiel, *huit francs dix centimes*.	Bâtis et panneaux............ Façon et pose	3 82 4 28 8 10	» » » » 8 10

NUMÉROS ET OBJETS DES SOUS-DÉTAILS	DÉTAILS DES FOURNITURES ET DE LA MAIN-D'ŒUVRE	PRIX élémentaires	PRIX d'application
144 **Lambris d'assemblage sans plates-bandes, arasé, bâtis de** $0^m\,041$, **panneaux de** $0^m\,034$. Bâtis chêne, panneaux sapin, brut derrière, le mètre superficiel, *neuf francs quatre-vingt-quinze centimes.*	Bâtis : 0,026, à 138 fr. 60 [6] . . . . Panneaux : 0,57 × 0,034 × 80 fr. 85 [8] . . . . . Façon et pose	3 60 1 57 4 80 9 97	» » » » » » 9 95
145 Comme ci-dessus, bâtis chêne, panneaux sapin, arasé au 2ᵉ parement, le mètre superficiel, *dix francs soixante centimes.*	Bâtis et panneaux. . . . . Façon et pose.	5 17 5 42 10 59	» » » » 10 60
146 Comme ci-dessus, tout chêne, brut derrière, le mètre superficiel, *douze francs.*	Bâtis : 0,026 ⎫ Panneaux : 0,018 ⎬ 0,044 × 138 fr. 60 [6] . . . . Façon et pose.	6 10 5 90 12 »	» » » » 12 »
147 Comme ci-dessus, tout chêne, arasé au 2ᵉ parement, le mètre superficiel, *douze francs soixante-cinq centimes.*	Bâtis et panneaux. . . . . Façon et pose.	6 10 6 56 12 66	» » » » 12 65
148 **Lambris d'assemblage sans plates-bandes, arasé, bâtis et panneaux de** $0^m\,041$. Tout sapin, brut derrière, le mètre superficiel, *sept francs quatre-vingt-quinze centimes.*	Bâtis : 0,68 × 0,041 × 80 fr. 85 [8] . . . . Panneaux : 0,57 × 0,044 × 80 fr. 85 [8] . . . . . Façon et pose.	2 25 1 89 3 80 7 94	» » » » » » 7 95
149 Comme ci-dessus, arasé au 2ᵉ parement, le mètre superficiel, *huit francs quarante centimes.*	Bâtis et panneaux. . . . . Façon et pose.	4 14 4 28 8 42	» » » » 8 40
150 Comme ci-dessus, bâtis chêne, panneaux sapin, brut derrière, le mètre superficiel, *dix francs trente centimes.*	Bâtis : 0,026 × 138 fr. 60 [6] . . . . Panneaux : 0,57 × 0,041 × 80 fr. 85 [8] . . . . . Façon et pose.	3 60 1 89 4 80 10 29	» » » » » » 10 30

NUMÉROS ET OBJETS DES SOUS-DÉTAILS	DÉTAILS DES FOURNITURES ET DE LA MAIN-D'ŒUVRE	PRIX élémentaires	d'application
151 Lambris d'assemblage sans plates-bandes, arasé, bâtis et panneaux de 0ᵐ 041. Bâtis chêne panneaux sapin arasé au 2ᵉ parement, le mètre superficiel, *dix francs quatre-vingt-dix centimes.*	Bâtis et panneaux. . . . . Façon et pose.	5 49 5 42 10 91	» » » » 10 90
152 Comme ci-dessus, tout chêne, brut derrière, le mètre superficiel, *douze francs cinquante-cinq centimes.*	Bâtis : 0,026 } 0,048, à 138 fr. 60 ⁽⁶⁾ . . . Panneaux : 0,022 } Façon et pose.	6 65 5 90 12 55	» » » » 12 55
153 Comme ci-dessus, tout chêne, arasé au 2ᵉ parement, le mètre superficiel, *treize francs vingt centimes.*	Bâtis et panneaux . . . . Façon et pose.	6 65 6 56 13 21	» » » » 13 20
154 Lambris d'assemblage sans plates-bandes, arasé, bâtis de 0,054, panneaux de 0,041. Tout sapin, brut derrière, le mètre superficiel, *neuf francs quinze centimes.*	Bâtis : 0,68 × 0,054 × 80 fr. 85 ⁽⁸⁾ . . . . . Panneaux : 0,57 × 0,041 × 80 fr. 85 ⁽⁸⁾ . . . Façon et pose.	2 97 1 89 4 28 9 14	» » » » » » 9 15
155 Comme ci-dessus, à glace au 2ᵉ parement, le mètre superficiel, *neuf francs soixante centimes.*	Bâtis et panneaux . . . . Façon et pose.	4 86 4 76 9 62	» » » » 9 60
156 Comme ci-dessus, bâtis chêne, panneaux sapin, brut derrière, le mètre superficiel, *douze francs soixante centimes.*	Bâtis : 0,035, à 150 fr. 10 ⁽⁵⁾ . . . . . . Panneaux : 0,57 × 0,041 × 80 fr. 85 ⁽⁸⁾ . . . Façon et pose.	5 25 1 89 5 44 12 58	» » » » » » 12 60
157 Comme ci-dessus, bâtis de 0,054, en chêne, panneaux de 0,041 en sapin, à glace au 2ᵉ parement, le mètre superficiel, *treize francs quinze centimes.*	Bâtis et panneaux . . . . Façon et pose.	7 14 6 02 13 16	» » » » 13 15

NUMÉROS ET OBJETS DES SOUS-DÉTAILS	DÉTAILS DES FOURNITURES ET DE LA MAIN-D'ŒUVRE	PRIX élémentaires	d'application
158 Lambris d'assemblage sans plates-bandes, arasé, bâtis de 0,054, panneaux de 0,041. Tout chêne, brut derrière, le mètre superficiel, *quatorze francs quatre-vingts centimes.*	Bâtis : 0,035 × 150 fr. 10 [5] . . . . . Panneaux : 0,022 × 138 fr. 60 [6] . . . . . . Façon et pose.	5 25 3 05 6 50 14 80	» » » » » » 14 80
159 Comme ci-dessus, tout chêne, à glace au 2ᵉ parement, le mètre superficiel *quinze francs soixante centimes.*	Bâtis et panneaux . . . . Façon et pose.	8 30 7 28 15 58	» » » » 15 60
160 Lambris d'assemblage sans plates-bandes, arasé, bâtis et panneaux de 0ᵐ 054. Tout sapin, brut derrière, le mètre superficiel, *neuf francs soixante-quinze centimes.*	Bâtis : 0,68 Panneaux : 0,57 } 1,25 × 0,054 × 80 fr. 85 [8] . . Façon et pose.	5 46 4 28 9 74	» » » » 9 75
161 Comme ci-dessus, arasé au 2ᵉ parement, le mètre superficiel, *dix francs vingt centimes.*	Bâtis et panneaux . . . . Façon et pose.	5 46 4 76 10 22	» » » » 10 20
162 Comme ci-dessus, bâtis chêne et panneaux en sapin, brut derrière, le mètre superficiel, *treize francs vingt centimes.*	Bâtis : 0,035 × 150 fr. 10 [5] . . . . . Panneaux : 0,57 × 0,054 × 80 fr. 85 [8] . . . Façon et pose.	5 25 2 49 5 44 13 18	» » » 13 20
163 Comme ci-dessus, bâtis chêne et panneaux en sapin, arasé au 2ᵉ parement, le mètre superficiel, *treize francs soixante-quinze centimes.*	Bâtis et panneaux . . . . Façon et pose.	7 74 6 02 13 76	» » » » 13 75
164 Comme ci-dessus, bâtis et panneaux en chêne, brut derrière, le mètre superficiel, *seize francs dix centimes.*	Bâtis : 0,035 Panneaux : 0,029 } 0,664 × 150 fr. 10 [5] . . . Façon et pose.	9 61 6 50 16 11	» » 16 10

NUMÉROS ET OBJETS DES SOUS-DÉTAILS	DÉTAILS DES FOURNITURES ET DE LA MAIN-D'ŒUVRE	PRIX élémentaires	d'application
165 Lambris d'assemblage sans plates-bandes, arasé, bâtis et panneaux de 0ᵐ 054. Tout chêne, arasé au 2ᵉ parement, le mètre superficiel, *seize francs quatre-vingt-dix centimes.*	Bâtis et panneaux . . . . Façon et pose.	9 61 7 28 ——— 16 89	» » » » 16 90
166 Lambris d'assemblage sans plates-bandes, à petits cadres, profils de 0,025 à 0,040, bâtis de 0,027, panneaux de 0,013. Tout sapin, brut derrière, le mètre superficiel, *six francs dix centimes.*	ART. 11. *Lambris d'assemblage à petits cadres, profils de 0ᵐ 025 à 0ᵐ 040.* Bâtis : 0,68, à 1 fr. 95 [9] . . . . Panneaux : 0,57, à 1 fr. 40 [4] . . . . Façon et pose.	1 33 » 80 3 98 ——— 6 11	» » » » » » 6 10
167 Comme ci-dessus, à glace au 2ᵉ parement, le mètre superficiel, *six francs soixante centimes.*	Bâtis, panneaux . . . . Façon et pose	2 13 4 46 ——— 6 59	» » » » 6 60
168 Comme ci-dessus, arasé au 2ᵉ parement, le mètre superficiel, *six francs soixante-dix centimes.*	Bâtis, panneaux. . . . . Façon et pose.	2 13 4 58 ——— 6 71	» » » » 6 70
169 Comme ci-dessus, à petits cadres au 2ᵉ parement, le mètre superficiel, *sept francs vingt centimes.*	Bâtis, panneaux. . . . . Façon et pose.	2 13 5 06 ——— 7 19	» » » » 7 20
170 Comme ci-dessus, bâtis chêne, panneaux sapin, brut d'un côté, le mètre superficiel, *huit francs trente centimes.*	Bâtis : 0,018, à 138 fr. 60 [6] . . . . Panneaux : 0,57, à 1 fr. 40 [11] . . . . Façon et pose	2 49 » 80 5 01 ——— 8 30	» » » » » » 8 30
171 Comme ci-dessus, bâtis chêne, panneaux sapin, à glace au 2ᵉ parement, le mètre superficiel, *huit francs quatre-vingt-quinze centimes.*	Bâtis et panneaux. . . . . Façon et pose	3 29 5 64 ——— 8 93	» » » » 8 95

NUMÉROS ET OBJETS DES SOUS-DÉTAILS	DÉTAILS DES FOURNITURES ET DE LA MAIN-D'ŒUVRE	PRIX	
		élémentaires	d'application
172 Lambris d'assemblage sans plate-bande, à petits cadres, profils de 0,025 à 0,040, bâtis de 0,027, panneaux de 0,013. Bâtis chêne, panneaux sapin, arasé au 2ᵉ parement, le mètre superficiel, *neuf francs*.	Bâtis et panneaux. . . . . Façon et posé	3 29 5 77 9 06	» » » » 9 »
173 Comme ci-dessus, bâtis chêne, panneaux sapin à petits cadres au 2ᵉ parement, le mètre superficiel, *neuf francs soixante-cinq centimes.*	Bâtis et panneaux. . . . . Façon et pose.	3 29 6 37 9 66	» » » » 9 65
174 Comme ci-dessus, tout chêne, brut derrière, le mètre superficiel, *neuf francs cinquante-cinq centimes.*	Bâtis : 0,018 } Panneaux : 0,007 } 0,025 × 138 fr. 60 ⁽⁶⁾ . . . . Façon et pose.	3 49 6 04 9 53	» » » » 9 55
175 Lambris d'assemblage à petits cadres, profils de 0,025 à 0,04, bâtis de 0,027, panneaux de 0,013, tout chêne, à glace au 2ᵉ parement, le mètre superficiel, *dix francs vingt-cinq centimes.*	Bâtis et panneaux. . . . . Façon et pose.	3 49 6 76 10 25	» » » » 10 25
176 Comme ci-dessus, tout chêne, arasé au 2ᵉ parement, le mètre superficiel, *dix francs quarante-cinq centimes.*	Bâtis et panneaux. . . . . Façon et pose.	3 49 6 94 10 43	» » » » 10 45
177 Comme ci-dessus, tout chêne, à petits cadres au 2ᵉ parement, le mètre superficiel, *onze francs quinze centimes.*	Bâtis et panneaux. . . . . Façon et pose.	3 49 7 66 11 15	» » » » 11 15
178 Lambris d'assemblage sans plate-bande, à petits cadres, profils de 0ᵐ 025 à 0ᵐ 04, bâtis de 0ᵐ 034, panneaux de 0ᵐ 018. Tout sapin, brut d'un côté, le mètre superficiel, *sept francs.*	Bâtis : 0,68 × 0,034 × 80 fr. 85 ⁽⁸⁾ . . . . . Panneaux : 0,57 × 1 fr. 60 ⁽¹⁰⁾ . . . . Façon et pose.	1 87 91 4 24 7 02	» » » » » » 7 »

NUMÉROS ET OBJETS DES SOUS-DÉTAILS	DÉTAILS DES FOURNITURES ET DE LA MAIN-D'ŒUVRE	PRIX élémentaires	d'application
179 Lambris d'assemblage sans plate-bandes, à petits cadres, profils de $0^m\,025$ à $0^m\,04$, bâtis de $0^m\,034$, panneaux de $0^m\,018$. A glace au deuxième parement, le mètre superficiel, *sept francs cinquante centimes.*	Bâtis et panneaux............ Façon et pose	2 78 4 70 7 48	» » » » 7 50
180 Comme ci-dessus, arasé au 2ᵉ parement, le mètre superficiel, *sept francs soixante-dix centimes.*	Bâtis et panneaux............ Façon et pose	2 78 4 92 7 70	» » » » 7 70
181 Comme ci-dessus, à petits cadres au 2ᵉ parement, le mètre superficiel, *huit francs dix centimes.*	Bâtis et panneaux............ Façon et pose...............	2 78 5 30 8 08	» » » » 8 10
182 Comme ci-dessus, bâtis chêne, panneaux sapin, brut derrière, le mètre superficiel, *neuf francs trente centimes.*	Bâtis : 0,022 à 138 fr. 60 ⁽¹⁾ .... Panneaux : 0,57 × 1 fr. 60 ⁽¹⁰⁾ ...... Façon et pose................	3 05 » 91 5 32 9 28	» » » » » » 9 30
183 Comme ci-dessus, bâtis chêne, panneaux sapin, à glace au 2ᵉ parement, le mètre superficiel, *neuf francs quatre-vingt-dix centimes.*	Bâtis et panneaux............ Façon et pose................	3 96 5 93 9 89	» » » » 9 90
184 Comme ci-dessus, bâtis chêne, panneaux sapin, arasé au 2ᵉ parement, le mètre superficiel, *dix francs.*	Bâtis et panneaux............ Façon et pose	3 96 6 06 10 02	» » » » 10 »
185 Comme ci-dessus, bâtis chêne, panneaux sapin, à petits cadres au 2ᵉ parement, le mètre superficiel, *dix francs soixante-cinq centimes.*	Bâtis et panneaux............ Façon et pose................	3 96 6 71 10 67	» » » » 10 65

NUMÉROS ET OBJETS DES SOUS-DÉTAILS	DÉTAILS DES FOURNITURES ET DE LA MAIN-D'ŒUVRE	PRIX élémentaires	d'application
186 **Lambris d'assemblage sans plates-bandes, à petits cadres,** profils de 0,025 à 0,04, bâtis de 0,034, panneaux de 0,020. Tout chêne, brut derrière, le mètre superficiel, *dix francs quatre-vingt-quinze centimes.*	Bâtis : 0,022, à 138 fr. 60 [6] . . . . Panneaux : 0,011, à 138 fr. 60 [6] . . . . Façon et pose.	3 05 1 52 6 40 10 97	» » » » » » 10 95
187 Comme ci-dessus, tout chêne, à glace au 2ᵉ parement, le mètre superficiel, *onze francs soixante-cinq centimes.*	Bâtis et panneaux. . . . . Façon et pose.	4 57 7 10 11 67	» » » » 11 65
188 Comme ci-dessus, tout chêne, arasé au 2ᵉ parement, le mètre superficiel, *onze francs quatre-vingt-dix centimes.*	Bâtis et panneaux. . . . . Façon et pose.	4 57 7 30 11 87	» » » » 11 90
189 Comme ci-dessus, tout chêne, à petits cadres au 2ᵉ parement, le mètre superficiel, *douze francs soixante centimes.*	Bâtis et panneaux. . . . . Façon et pose.	4 57 8 02 12 59	» » » » 12 60
190 **Lambris d'assemblage sans plates-bandes, à petits cadres,** profils de 0,025 à 0,04, bâtis de 0,041, panneaux de 0,027. Tout sapin, brut derrière, le mètre superficiel, *sept francs soixante-quinze centimes.*	Bâtis : 0ᵐ68 à 0,041 × 80 fr. 85 [8] . . . . Panneaux : 0,57, à 1 fr. 95 [9] . . . . Façon et pose.	2 25 1 11 4 40 7 76	» » » » » » 7 75
191 Comme ci-dessus, tout sapin, à glace au 2ᵉ parement, le mètre superficiel, *huit francs trente centimes.*	Bâtis et panneaux. . . . . Façon et pose.	3 36 4 94 8 30	» » » » 8 30
192 Comme ci-dessus, tout sapin, arasé au 2ᵉ parement, le mètre superficiel, *huit francs quarante centimes.*	Bâtis et panneaux. . . . . Façon et pose.	3 36 5 06 8 42	» » » » 8 40

NUMÉROS ET OBJETS DES SOUS-DÉTAILS	DÉTAILS DES FOURNITURES ET DE LA MAIN-D'ŒUVRE	PRIX élémentaires	d'application
193 Lambris d'assemblage sans plates-bandes, à petits cadres, profils de 0,025 à 0,04, bâtis de 0,041, panneaux de 0,027. Comme ci-dessus, tout sapin, à petits cadres au 2ᵉ parement, le mètre superficiel, *huit francs quatre-vingt-dix centimes.*	Bâtis et panneaux............ Façon et pose................	3 36 5 54 8 90	» » » » 8 90
194 Comme ci-dessus, bâtis chêne, panneaux sapin, brut derrière, le mètre superficiel, *dix francs trente centimes.*	Bâtis : 0,026 × 138 fr. 60 [6]... Panneaux : 0,57 × 1 fr. 95 [9]... Façon et pose................	3 60 1 11 5 61 10 32	» » » » » » 10 30
195 Comme ci-dessus, bâtis chêne, panneaux sapin, à glace au 2ᵉ parement, le mètre superficiel, *onze francs cinq centimes.*	Bâtis et panneaux............ Façon et pose................	4 71 6 36 11 07	» » » » 11 05
196 Comme ci-dessus, bâtis chêne, panneaux sapin, arasé au 2ᵉ parement, le mètre superficiel, *onze francs vingt centimes.*	Bâtis et panneaux............ Façon et pose................	4 71 6 49 11 20	» » » » 11 20
197 Comme ci-dessus, bâtis chêne, panneaux sapin, à petits cadres au 2ᵉ parement, le mètre superficiel, *onze francs soixante-dix centimes.*	Bâtis et panneaux............ Façon et pose................	4 71 6 97 11 68	» » » » 11 70
198 Comme ci-dessus, bâtis et panneaux chêne, brut derrière, le mètre superficiel, *douze francs soixante-cinq centimes.*	Bâtis : 0,026 Panneaux : 0,015 } 0,041 × 138 fr. 60 [6].... Façon et pose................	5 68 6 97 12 65	» » » » » » 12 65
199 Comme ci-dessus, tout chêne, à glace au 2ᵉ parement, le mètre superficiel, *huit francs quatre-vingt-quinze centimes.*	Bâtis et panneaux............ Façon et pose................	1 68 7 28 8 96	» » » » 8 95

NUMÉROS ET OBJETS DES SOUS-DÉTAILS	DÉTAILS DES FOURNITURES ET DE LA MAIN-D'ŒUVRE	PRIX élémentaires	d'application
200 Lambris d'assemblage sans plates-bandes, à petits cadres, profils de 0,025 à 0,04, bâtis de 0,041, panneaux de 0,027. Tout chêne, arasé au 2ᵉ parement, le mètre superficiel, *treize francs vingt centimes*.	Bâtis et panneaux. . . . . Façon et pose	5 68 7 54 13 22	» » » » 13 20
201 Comme ci-dessus, tout chêne, à petits cadres au 2ᵉ parement, le mètre superficiel, *quatorze francs cinq centimes*.	Bâtis et panneaux. . . . . Façon et pose	5 68 8 38 14 06	» » » » 14 05
202 Lambris d'assemblage sans plates-bandes, à petits cadres, profils de 0ᵐ.025 à 0,04, bâtis de 0ᵐ 054, panneaux de 0ᵐ 027. Tout sapin, brut derrière, le mètre superficiel, *neuf francs*.	Bâtis : 0,68 × 0,054 × 80 fr. 85 [8] . . . . Panneaux : 0,57 × 1 fr. 95 [9] . . . . Façon et pose	2 97 1 11 4 94 9 02	» » » » » » 9 »
203 Comme ci-dessus, tout sapin, à glace au 2ᵉ parement, le mètre superficiel, *neuf francs cinquante centimes*.	Bâtis et panneaux. . . . . Façon et pose	4 08 5 42 9 50	» » » » 9 50
204 Comme ci-dessus, tout sapin, arasé au 2ᵉ parement, le mètre superficiel, *neuf francs soixante centimes*.	Bâtis et panneaux. . . . . Façon et pose	4 08 5 54 9 62	» » » » 9 60
205 Comme ci-dessus, tout sapin, à petits cadres au 2ᵉ parement, le mètre superficiel, *dix francs dix centimes*.	Bâtis et panneaux. . . . . Façon et pose	4 08 6 02 10 10	» » » » 10 10
206 Comme ci-dessus, bâtis chêne, panneaux sapin, brut derrière, le mètre superficiel, *douze francs cinquante-cinq centimes*.	Bâtis : 0,035 × 150 fr. 10 [8] . . . . Panneaux : 0,57 × 1 fr. 95 [9] . . . . Façon et pose	5 25 1 11 6 21 12 57	» » » » » » 12 55

NUMÉROS ET OBJETS DES SOUS-DÉTAILS	DÉTAILS DES FOURNITURES ET DE LA MAIN-D'OEUVRE	PRIX élémentaires	d'application
207 Lambris d'assemblage sans plates-bandes, à petits cadres, profils de 0^m 025 à 0^m 04, bâtis de 0^m 054, panneaux de 0^m 027. Bâtis chêne, panneaux sapin, à glace au 2e parement, le mètre superficiel, *treize francs vingt centimes.*	Bâtis et panneaux............ Façon et pose..............	6 36 6 83 13 19	» » » » 13 20
208 Comme ci-dessus, bâtis chêne, panneaux sapin, arasé au 2e parement, le mètre superficiel, *treize francs trente-cinq centimes.*	Bâtis et panneaux............ Façon et pose..............	6 36 6 97 13 33	» » » » 13 35
209 Comme ci-dessus, bâtis chêne, panneaux sapin, à petits cadres au 2e parement, le mètre superficiel, *treize francs quatre-vingt-quinze centimes.*	Bâtis et panneaux............ Façon et pose..............	6 36 7 57 13 93	» » » » 13 95
210 Comme ci-dessus, tout chêne, brut derrière, le mètre superficiel, *quatorze francs quatre-vingts centimes.*	Bâtis : 0,035 × 150 fr. 10 (5)...... Panneaux : 0,015 × 138 fr. 60 (6)..... Façon et pose..............	5 25 2 08 7 48 14 81	» » » » » » 14 80
211 Comme ci-dessus, tout chêne, à glace au 2e parement, le mètre superficiel, *quinze francs cinquante-cinq centimes.*	Bâtis et panneaux............ Façon et pose..............	7 33 8 20 15 53	» » » » 15 55
212 Comme ci-dessus, tout chêne, arasé au 2e parement, le mètre superficiel, *quinze francs soixante-dix centimes.*	Bâtis et panneaux............ Façon et pose..............	7 33 8 38 15 71	» » » » 15 70
213 Comme ci-dessus, tout chêne, à petits cadres au 2e parement; le mètre superficiel, *seize francs quarante-cinq centimes.*	Bâtis et panneaux............ Façon et pose..............	7 33 9 10 16 43	» » » » 16 45

NUMÉROS ET OBJETS DES SOUS-DÉTAILS	DÉTAILS DES FOURNITURES ET DE LA MAIN-D'ŒUVRE	PRIX élémentaires	d'application
214 Lambris d'assemblage sans plates-bandes, à grands cadres, bâtis de 0,025, panneaux de 0,013 (cadres de 0,041 de profil.) Tout sapin, brut derrière, le mètre superficiel, *huit francs vingt centimes.*	ART. 12. *Lambris d'assemblage à grands cadres.* Bâtis : 0,53 × 1 fr. 95 (9) . . . . Cadres : 0,47 × 0,041 × 80 fr. 85 (8) . . . . Panneaux : 0,38 × à 1 fr. 40 (11) . . . . Façon et pose.	1 03 1 56 » 53 5 06 8 18	» » » » » » » » 8 20
215 Comme ci-dessus, tout sapin à glace au 2ᵉ parement, le mètre superficiel, *huit francs soixante-cinq centimes.*	Bâtis, cadres, panneaux . . . . Façon et pose	3 12 5 54 8 66	» » » » 8 65
216 Comme ci-dessus, tout sapin, arasé au 2ᵉ parement, le mètre superficiel, *huit francs quatre-vingts centimes.*	Bâtis, cadres, panneaux . . . . Façon et pose	3 12 5 66 8 78	» » » » 8 80
217 Comme ci-dessus, tout sapin, à grands cadres au 2ᵉ parement, le mètre superficiel, *neuf francs quarante-cinq centimes.*	Bâtis, cadres, panneaux . . . . Façon et pose	3 12 6 32 9 44	» » » » 9 45
218 Comme ci-dessus, bâtis et cadres chêne, panneaux sapin, brut au 2ᵉ parement, le mètre superficiel, *onze francs trente-cinq centimes.*	Bâtis : 0,014 } Cadres : 0,018 } 0,032 × 138 fr. 60 (6) . . . . . . Panneaux : 0,38, à 1 fr. 40 (11) . . . . Façon et pose	4 44 » 53 6 37 11 34	» » » » » » 11 35
219 Comme ci-dessus, bâtis et cadres chêne, panneaux sapin, à glace au 2ᵉ parement, le mètre superficiel, *onze francs quatre-vingt-quinze centimes.*	Bâtis, cadres, panneaux . . . . Façon et pose	4 97 6 97 11 94	» » » » 11 95
220 Comme ci-dessus, bâtis et cadres chêne, panneaux sapin, arasé au 2ᵉ parement, le mètre superficiel, *douze francs dix centimes.*	Bâtis, cadres, panneaux . . . . Façon et pose	4 97 7 11 12 08	» » » » 12 10

NUMÉROS ET OBJETS DES SOUS-DÉTAILS	DÉTAILS DES FOURNITURES ET DE LA MAIN-D'ŒUVRE	PRIX élémentaires	d'application
221 Lambris d'assemblage sans plates-bandes, à grands cadres, bâtis de 0,025, panneaux de 0,013 (cadres de 0,041 de profil.) Bâtis et cadres chêne, panneaux sapin, à grands cadres au 2ᵉ parement, le mètre superficiel, *douze francs quatre-vingt-dix centimes.*	Bâtis, cadres, panneaux............ Façon et pose.................	4 97 7 94 12 91	» » » » 12 90
222 Comme ci-dessus, tout chêne, brut au 2ᵉ parement, le mètre superficiel, *douze francs quatre-vingts centimes.*	Bâtis : 0,014 Cadres : 0,018 } $0,037 \times 138$ fr. 60 [6] .... Panneaux : 0,005 Façon et pose................	5 13 7 66 12 79	» » » » 12 80
223 Comme ci-dessus, tout chêne, à glace au 2ᵉ parement, le mètre superficiel, *treize francs cinquante centimes.*	Bâtis, cadres, panneaux.......... Façon et pose................	5 13 8 38 13 51	» » » » 13 50
224 Comme ci-dessus, tout chêne, arasé au 2ᵉ parement, le mètre superficiel, *treize francs soixante-dix centimes.*	Bâtis, cadres, panneaux.......... Façon et pose................	5 13 8 56 13 69	» » » » 13 70
225 Comme ci-dessus, tout chêne, à grands cadres au 2ᵉ parement, le mètre superficiel, *quatorze francs soixante-dix centimes.*	Bâtis, cadres, panneaux.......... Façon et pose................	5 13 9 56 14 69	» » » » 14 70
226 Lambris d'assemblage sans plates-bandes, à grands cadres, bâtis de 0ᵐ 034, panneaux de 0ᵐ 018, cadres de 0ᵐ 054. Tout sapin, brut au 2ᵉ parement, le mètre superficiel, *neuf francs cinquante-cinq centimes.*	Bâtis : 0,53 à 0,034 $\times$ 80 fr. 85 [8]...... Cadres : 0,47 à 0,054 $\times$ 80 fr. 85 [8]..... Panneaux : 0,38 $\times$ 1 fr. 60 [10]......... Façon et pose................	1 46 2 05 » 21 5 82 9 54	» » » » » » » » 9 55
227 Comme ci-dessus, tout sapin, à glace au 2ᵉ parement, le mètre superficiel, *dix francs.*	Bâtis, cadres, panneaux.......... Façon et pose................	4 12 5 90 10 02	» » » » 10 »

NUMÉROS ET OBJETS DES SOUS-DÉTAILS	DÉTAILS DES FOURNITURES ET DE LA MAIN-D'ŒUVRE	PRIX	
		élémentaires	d'application
228 Lambris d'assemblage sans plates-bandes, à grands cadres, bâtis de 0ᵐ 034, panneaux de 0ᵐ 018, cadres de 0ᵐ 054. Tout sapin, arasé au 2ᵉ parement, le mètre superficiel, *dix francs quinze centimes*.	Bâtis, cadres, panneaux . . . . Façon et pose	4 12 6 02 10 14	» » » » 10 15
229 Comme ci-dessus, tout sapin, à grands cadres au 2ᵉ parement, le mètre superficiel, *dix francs quatre-vingts centimes*.	Bâtis, cadres, panneaux . . . . Façon et pose	4 12 6 68 10 80	» » » » 10 80
230 Comme ci-dessus, bâtis et cadres en chêne, panneaux en sapin, brut au 2ᵉ parement, le mètre superficiel, *treize francs quarante centimes*.	Bâtis : 0,017 × 138 fr. 60 [6] . . . . Cadres : 0,024 × 150 fr. 10 [5] . . . . Panneaux : 0,38 × 1 fr. 60 [10] . . . . Façon et pose	2 36 3 60 » 61 6 81 13 38	» » » » » » » » 13 40
231 Comme ci-dessus, bâtis et cadres chêne, panneaux sapin, à glace au 2ᵉ parement, le mètre superficiel, *treize francs quatre-vingts centimes*.	Bâtis, cadres et panneaux . . . . Façon et pose	6 57 7 21 13 78	» » » » 13 80
232 Comme ci-dessus, bâtis et cadres chêne, lambris sapin, arasé au 2ᵉ parement, le mètre superficiel, *quatorze francs quinze centimes*.	Bâtis, cadres et panneaux . . . . Façon et pose	6 57 7 57 14 14	» » » » 14 15
233 Comme ci-dessus, bâtis et cadres chêne, panneaux sapin, à grands cadres au 2ᵉ parement, le mètre superficiel, *quatorze francs quatre-vingt-quinze centimes*.	Bâtis, cadres et panneaux . . . . Façon et pose	6 57 8 38 14 95	» » » » 14 95
234 Comme ci-dessus, tout chêne, brut au 2ᵉ parement, le mètre superficiel, *quinze francs*.	Bâtis : 0,017, à 138 fr. 60 [6] . . . . Cadres : 0,024, à 150 fr. 10 [5] . . . . Panneaux : 0,005, à 138 fr. 60 [6] . . . . . . Façon et pose	2 36 3 60 » 83 8 20 14 99	» » » » » » » » 15 »

NUMÉROS ET OBJETS DES SOUS-DÉTAILS	DÉTAILS DES FOURNITURES ET DE LA MAIN-D'OEUVRE	PRIX élémentaires	d'application
235 Lambris d'assemblage sans plates-bandes, à grands cadres, bâtis de 0^m 034, panneaux de 0^m 018, cadres de 0^m 054. Tout chêne, à glace au 2e parement, le mètre superficiel, *quinze francs soixante-dix centimes*.	Bâtis, cadres et panneaux. . . . . Façon et pose.	6 79 8 93 15 72	» » » » 15 70
236 Comme ci-dessus, tout chêne, arasé au 2e parement, le mètre superficiel, *quinze francs quatre-vingt-dix centimes*.	Bâtis, cadres et panneaux. . . . . Façon et pose.	6 79 9 10 15 89	» » » » 15 90
237 Comme ci-dessus, tout chêne, à grands cadres au 2e parement, le mètre superficiel, *seize francs quatre-vingt-dix centimes*.	Bâtis, cadres et panneaux. . . . . Façon et pose.	6 79 10 10 16 89	» » » » 16 90
238 Lambris d'assemblage sans plates-bandes, à grands cadres, bâtis de 0^m 041, panneaux de 0^m 018, cadres de 0,064. Tout sapin, brut au 2e parement, le mètre superficiel, *dix francs soixante centimes*.	Bâtis : 0,53 × 0,041 × 80 fr. 85 [8] . . . . . Cadres : 0,03, à 80 fr. 85 [8] . . . . Panneaux : 0,38 × 1 fr. 60 [10] . . . . Façon et pose.	1 76 2 43 » 61 5 78 10 58	» » » » » » » » 10 60
239 Comme ci-dessus, tout sapin, à glace au 2e parement, le mètre superficiel, *onze francs cinq centimes*.	Bâtis, cadres et panneaux. . . . . Façon et pose.	4 80 6 26 11 06	» » » » 11 05
240 Comme ci-dessus, tout sapin, arasé au 2e parement, le mètre superficiel, *onze francs vingt centimes*.	Bâtis, cadres et panneaux. . . . . Façon et pose.	4 80 6 38 11 18	» » » » 11 20
241 Comme ci-dessus, tout sapin, à grands cadres au 2e parement, le mètre superficiel, *onze francs quatre-vingt-cinq centimes*.	Bâtis, cadres et panneaux. . . . . Façon et pose.	4 80 7 04 11 84	» » » » 11 85

NUMÉROS ET OBJETS DES SOUS-DÉTAILS	DÉTAILS DES FOURNITURES ET DE LA MAIN-D'ŒUVRE	PRIX élémentaires	d'application
242 Lambris d'assemblage sans plates-bandes, à grands cadres, bâtis de 0m 041, panneaux de 0m 018, cadres de 0,064. Bâtis et cadres chêne, panneaux sapin, brut au 2e parement, le mètre superficiel, *quinze francs quinze centimes.*	Bâtis : 0,020, à 138 fr. 60 [6] . . . . Cadres : 0,03, à 150 fr. 10 [5] . . . . . Panneaux : 0,38 à 1 fr. 60 [10] . . . . . Façon et pose.	2 77 4 50 » 61 7 25 15 13	» » » » » » » » 15 15
243 Comme ci-dessus, bâtis et cadres chêne, panneaux sapin, à glace au 2e parement, le mètre superficiel, *quinze francs soixante-quinze centimes.*	Bâtis, cadres et panneaux. . . . . . . Façon et pose.	7 88 7 85 15 73	» » » » 15 75
244 Comme ci-dessus, bâtis et cadres chêne, panneaux sapin, arasé au 2e parement, le mètre superficiel, *quinze francs quatre-vingt-dix centimes.*	Bâtis, cadres et panneaux. . . . . . . Façon et pose.	7 88 8 » 15 88	» » » » 15 90
245 Comme ci-dessus, bâtis et cadres chêne, panneaux sapin, à grands cadres au 2e parement, le mètre superficiel, *seize francs soixante dix centimes.*	Bâtis, cadres et panneaux. . . . . . . Façon et pose.	7 88 8 83 16 71	» » » » 16 70
246 Comme ci-dessus, tout chêne, brut au 2e parement, le mètre superficiel, *quinze francs quatre-vingts centimes.*	Bâtis : 0,02 × 138 fr. 60 [6] . . . Cadres : 0,03 × 150 fr. 10 [5] . . . Panneaux : 0,0072, à 138 fr. 60 [6] . . Façon et pose.	2 77 4 50 1 » 7 54 15 81	» » » » » » » » 15 80
247 Comme ci-dessus, tout chêne, à glace au 2e parement, le mètre superficiel, *seize francs soixante-cinq centimes.*	Bâtis, cadres et panneaux. . . . . . . Façon et pose.	8 27 8 38 16 65	» » » » 16 65
248 Comme ci-dessus, tout chêne, arasé au 2e parement, le mètre superficiel, *dix-sept francs quatre-vingt-dix centimes.*	Bâtis, cadres et panneaux. . . . . . . Façon et pose.	8 27 9 64 17 91	» » » » 17 90

NUMÉROS ET OBJETS DES SOUS-DÉTAILS	DÉTAILS DES FOURNITURES ET DE LA MAIN-D'ŒUVRE	PRIX élémentaires	d'application
249 Lambris d'assemblage sans plates-bandes, à grands cadres, bâtis de 0m041, panneaux de 0m018, cadres de 0,064. Tout chêne, à grands cadres au 2ᵉ parement, le mètre superficiel, *dix-huit francs quatre-vingt-dix centimes*.	Bâtis, cadres et panneaux. . . . . Façon et pose.	8 27 10 64 —— 18 91	» » » » 18 90
250 Lambris d'assemblage sans plates-bandes, à grands cadres, bâtis de 0,054, panneaux de 0,027, cadres de 0,076. Tout sapin, brut derrière, le mètre superficiel, *douze francs quarante-cinq centimes*.	Bâtis : 0,53 × 0,054 × 80 fr. 85 [8] . . . . . . Cadres : 0,036 × 80 fr. 85 [8] . . . . Panneaux : 0,38, à 1 fr. 95 [9] . . . . Façon et pose.	2 31 2 91 » 74 6 50 —— 12 46	» » » » » » » » 12 45
251 Comme ci-dessus, tout sapin, à glace au 2ᵉ parement, le mètre superficiel, *douze francs quatre-vingt-quinze centimes*.	Bâtis, cadres et panneaux. . . . . Façon et pose.	5 96 6 98 —— 12 94	» » » » 12 95
252 Comme ci-dessus, tout sapin, arasé au 2ᵉ parement, le mètre superficiel, *treize francs cinq centimes*.	Bâtis, cadres et panneaux. . . . . Façon et pose.	5 96 7 10 —— 13 06	» » » » 13 05
253 Comme ci-dessus, tout sapin, à grands cadres au 2ᵉ parement, le mètre superficiel, *treize francs soixante-dix centimes*.	Bâtis, cadres et panneaux. . . . . Façon et pose	5 96 7 76 —— 13 72	» » » » » » 13 70
254 Comme ci-dessus, bâtis et cadres chêne, panneaux sapin, brut au 2ᵉ parement, le mètre superficiel, *dix-huit francs trente-cinq centimes*.	Bâtis : 0,027 ⎫ Cadres : 0,036 ⎬ 0,063 × 150 fr. 10 [8] . . . . . Panneaux : 0,038 × 1 fr. 95 [9] . . . . Façon et pose	9 46 » 74 8 14 —— 18 34	» » » » » » 18 35

— 42 —

NUMÉROS ET OBJETS DES SOUS-DÉTAILS	DÉTAILS DES FOURNITURES ET DE LA MAIN-D'ŒUVRE	PRIX élémentaires	d'application
255 Lambris d'assemblage sans plates-bandes, à grands cadres, bâtis de 0,054, panneaux de 0,027, cadres de 0,076. Bâtis et cadres chêne, panneaux sapin, à glace au 2ᵉ parement, le mètre superficiel, *dix-huit francs quatre-vingt-quinze centimes.*	Bâtis, cadres et panneaux............ Façon et pose..................	10 20 8 74 18 94	» » » » 18 95
256 Comme ci-dessus, bâtis et cadres chêne, panneaux sapin, arasé au 2ᵉ parement, le mètre superficiel, *dix-neuf francs dix centimes.*	Bâtis, cadres et panneaux............ Façon et pose..................	10 20 8 89 19 09	» » » » 19 10
257 Comme ci-dessus, bâtis et cadres chêne, panneaux sapin, à grands cadres au 2ᵉ parement, le mètre superficiel, *dix-neuf francs quatre-vingt-dix centimes.*	Bâtis, cadres et panneaux............ Façon et pose..................	10 20 9 72 19 92	» » » » 19 90
258 Comme ci-dessus, tout chêne, brut au 2ᵉ parement, le mètre superficiel, *vingt francs soixante-cinq centimes.*	Bâtis : 0,027 Cadres : 0,036 } 0,063 × 150 fr. 10 [3]...... Panneaux : 0,01, à 138 fr. 60 [6]......... Façon et pose..................	9 46 1 39 9 82 20 67	» » » » » » 20 65
259 Comme ci-dessus, tout chêne, à glace au 2ᵉ parement, le mètre superficiel, *vingt-un francs quarante centimes.*	Bâtis, cadres et panneaux............ Façon et pose..................	10 85 10 54 21 39	» » » » 21 40
260 Comme ci-dessus, tout chêne, arasé au 2ᵉ parement, le mètre superficiel, *vingt-un francs cinquante-cinq centimes.*	Bâtis, cadres et panneaux............ Façon et pose..................	10 85 10 72 21 57	» » » » 21 55
261 Comme ci-dessus, tout chêne, à grands cadres au 2ᵉ parement, le mètre superficiel, *vingt-deux francs cinquante-cinq centimes.*	Bâtis, cadres, panneaux............. Façon et pose..................	10 85 11 72 22 57	» » » » 22 55

NUMÉROS ET OBJETS DES SOUS-DÉTAILS	DÉTAILS DES FOURNITURES ET DE LA MAIN-D'ŒUVRE	PRIX	
		Élémentaires	d'application
262 Lambris d'assemblage. Plus et moins-value.	Plus-value ou moins-value pour les lambris dont les dimensions seront plus fortes ou plus faibles que celles indiquées, par chaque sept millimètres (0,007) de différence d'épaisseur et par mètre superficiel de lambris. De sapin . . . . De chêne.	» 45 » 70	» 45 » 70
263 Plates-bandes, simples ou moulurées. Plus-value.	Plus-value pour plates bandes simples poussées au pourtour des panneaux : sapin, le mètre linéaire . . . Chêne, id. id. . . . . Plus-value pour plates-bandes moulurées, poussées au pourtour des panneaux : sapin, le mètre linéaire . . Chêne, id. id. . . .	» 15 » 25 » 30 » 40	» » » » » » » »
264 Lambris d'assemblage, plus-value pour moulures, angles, pilastres et panneaux en plus de trois sur la hauteur.	Plus-value pour les moulures dont la largeur excédera : Pour les petits cadres, 0^m 04. Pour les grands cadres, 0^m 05. Pour chaque centimètre en plus : sapin, le mètre linéaire. Id. Chêne, id. Plus-value pour chaque angle enlevé à fleur de plate-bande, en grecque ou en coin rond, sans moulures : Sapin, la pièce . . . . Chêne, id. . . . . . Avec moulures : Sapin, id. . . . . . Chêne, id. . . . . Plus-value pour bossage à pointe de diamant par face de panneau : sapin . . . . Chêne . . . . Les pilastres d'assemblage, formant ou non ressaut sur le lambris, soit à petits ou à grands cadres, seront payés en plus-value, moitié en sus des prix du lambris. Pour les lambris formant ressaut, il sera ajouté 0^m 10 à la longueur réelle pour chaque angle saillant ou rentrant, en plus de un par chaque trois mètres de longueur de lambris. Plus-value pour chaque panneau en plus de deux par mètre superficiel : Pour les lambris à petits cadres : Sapin, le mètre superficiel. . . Chêne, id . . . . . A grands cadres : Sapin, id . . . . . Chêne, id . . . . . Toute partie cintrée en élévation sera comptée carrée, sa flèche étant prise égale à 1 1/2 fois sa longueur réelle. Les lambris cintrés en plan, seront payés le double des prix ci-dessus.	0^m 15 0^m 25 » 05 » 10 » 10 » 20 » 50 » 80 » 50 » 70 » 85 1 15	» » » » » » » » » » » » » » » » » » » » » » » »
265 Portes d'assemblage pour intérieurs et portes vitrées.	Art. 13. *Portes intérieures diverses.* Les portes d'assemblage pour intérieur, portant plinthe et 3 panneaux sur la hauteur, seront comptées comme lambris. Au-dessus de 3 panneaux, il sera alloué, par panneau, les mêmes plus-values que pour les lambris. Les portes à panneaux et vitrage, seront comptées pour les panneaux, comme lambris, jusqu'au milieu de la traverse supérieure et comme châssis vitré pour la partie à vitrage.		

NUMÉROS ET OBJETS DES SOUS-DÉTAILS	DÉTAILS DES FOURNITURES ET DE LA MAIN-D'ŒUVRE	PRIX élémentaires	d'application
266 Portes cochères en chêne avec ou sans guichet, jusqu'à 4 traverses sur la hauteur, soit du bâtis principal, soit du guichet : 1ᵉʳ bâtis : 0ᵐ07 sur 0ᵐ20 ; 2ᵉ bâtis : 0,054 sur 0ᵐ16 ; panneaux de 0,034, avec clefs dans les joints. Arasé, brut au 2ᵉ parement, le mètre superficiel, *dix-sept francs quatre-vingt-cinq centimes*.	ART. 14. *Portes cochères avec ou sans guichets.* 1ᵉʳ bâtis : 0,009 ⎫ 2ᵉ bâtis : 0,023 ⎬ 0,032 × 150 fr. 10 ⁽⁵⁾ . . . . . . Panneaux : 0,022, à 138 fr. 60 ⁽⁶⁾ . . . . Façon et ajustage	4 80 3 05 10 » 17 85	» » » » » » 17 85
267 Comme ci-dessus, arasé à glace au 2ᵉ parement, le mètre superficiel, *dix-huit francs cinquante-cinq centimes*.	Bâtis et panneaux. . . . . Façon et ajustage.	7 85 10 70 18 55	» » » » 18 55
268 Comme ci-dessus, à petits cadres, jusqu'à 0,045 de profil, brut au 2ᵉ parement, le mètre superficiel, *vingt francs cinq centimes*.	Bâtis et panneaux. . . . . Façon et ajustage.	7 85 12 20 20 05	» » » » 20 05
269 Comme ci-dessus, à petits cadres, à glace au 2ᵉ parement, le mètre superficiel, *vingt francs soixante-quinze centimes*.	Bâtis et panneaux. . . . . Façon et ajustage.	7 85 12 90 20 75	» » » » 20 75
270 Comme ci-dessus, à petits cadres, arasé au 2ᵉ parement, le mètre superficiel, *vingt-un francs dix centimes*.	Bâtis et panneaux. . . . . Façon et ajustage.	7 85 13 25 21 10	» » » » 21 10
271 Comme ci-dessus, à petits cadres au deux parements, le mètre superficiel, *vingt-trois francs cinquante-cinq centimes*.	Bâtis et panneaux. . . . . Façon et ajustage.	7 85 15 70 23 55	» » » » 23 55
272 Comme ci-dessus, à grands cadres, jusqu'à 0,06 de profil, brut au 2ᵉ parement, le mètre superficiel, *vingt-six francs vingt centimes*.	1ᵉʳ bâtis : 0,009 ⎫ 2ᵉ bâtis : 0,023 ⎬ 0,057 × 150 fr. 10 ⁽⁵⁾ . . . . . Cadres : 0,025 ⎭ Panneaux : 0,011, à 138 fr. 60 ⁽⁶⁾ . . . . . . Façon et ajustage.	8 56 1 52 16 10 26 18	» » » » » » 26 20

NUMÉROS ET OBJETS DES SOUS-DÉTAILS	DÉTAILS DES FOURNITURES ET DE LA MAIN-D'OEUVRE	PRIX élémentaires	d'application
273 Portes cochères en chêne avec ou sans guichet, jusqu'à 4 traverses sur la hauteur, soit du bâtis principal, soit du guichet : 1ᵉʳ bâtis : 0ᵐ 07 sur 0ᵐ 20 ; 2ᵉ bâtis : 0,054 sur 0ᵐ 16 ; panneaux de 0,034, avec clefs dans les joints. A grands cadres, à glace au 2ᵉ parement, le mètre superficiel, *vingt-six francs cinquante centimes.*	Bâtis, cadres et panneaux . . . . Façon et ajustage.	10 08 16 40 26 48	» » » » 26 50
274 Comme ci-dessus, à grands cadres, arasé au 2ᵉ parement, le mètre superficiel, *vingt-six francs soixante-quinze centimes.*	Bâtis, cadres et panneaux . . . . Façon et ajustage.	10 08 16 65 26 73	» » » » 26 75
275 Comme ci-dessus, à grands cadres, aux deux parements, le mètre superficiel, *trente francs quarante-cinq centimes.*	Bâtis, cadres et panneaux . . . . Façon et ajustage.	10 08 20 35 30 43	» » » » 30 45
276 Comme ci-dessus, panneaux de 0ᵐ 040, avec clefs dans les joints, arasé, brut au 2ᵉ parement, le mètre superficiel, *dix-huit fr.*	1ᵉʳ Bâtis : 0,009 } 0,032 × 150 fr. 10 ⁽⁵⁾ . . . . . 2ᵉ Bâtis : 0,023 Panneaux : 0,026, à 138 fr. 60 ⁽⁶⁾ . . . . Façon et ajustage.	4 80 3 60 9 62 18 02	» » » » » » 18 »
277 Comme ci-dessus, arasé, à glace au 2ᵉ parement, le mètre superficiel. *dix-huit francs soixante-quinze centimes.*	Bâtis et panneaux. . . . . Façon et ajustage.	8 40 10 35 18 75	» » » » 18 75
278 Comme ci-dessus, à petits cadres, jusqu'à 0ᵐ 045 de profil, brut au 2ᵉ parement, le mètre superficiel, *vingt francs cinquante centimes.*	Bâtis et panneaux. . . . . Façon et ajustage.	8 40 12 10 20 50	» » » » 20 50
279 Comme ci-dessus, à petits cadres, à glace au 2ᵉ parement, le mètre superficiel, *vingt-un francs vingt-cinq centimes.*	Bâtis et panneaux. . . . . Façon et ajustage.	8 40 12 87 21 27	» » » » 21 25

NUMÉROS ET OBJETS DES SOUS-DÉTAILS	DÉTAILS DES FOURNITURES ET DE LA MAIN-D'OEUVRE	PRIX élémentaires	d'application
280 Portes cochères en chêne avec ou sans guichet, jusqu'à 4 traverses sur la hauteur, soit du bâtis principal, soit du guichet : 1er bâtis : 0^m 07 sur 0^m 20; 2e bâtis : 0,054 sur 0^m 16; panneaux de 0,040, avec clefs dans les joints. A petits cadres, arasé au 2e parement, le mètre superficiel, *vingt-un francs soixante centimes*.	Bâtis et panneaux. . . . . Façon et ajustage.	8 40 13 20 21 60	» » » » 21 60
281 Comme ci-dessus, à petits cadres aux deux parements, le mètre superficiel, *vingt-quatre francs trente centimes*.	Bâtis et panneaux. . . . . Façon et ajustage.	8 40 15 90 24 30	» » » » 24 30
282 Comme ci-dessus, à grands cadres, jusqu'à 0^m 08 de profil, brut au 2e parement, le mètre superficiel, *vingt-sept francs quatre-vingt-dix centimes*.	1er bâtis : 0,009 2e bâtis : 0,023 } 0,064 × 150 fr. 10 [5] Cadres : 0,032 Panneaux : 0,013, à 138 fr. 60 [6] . . . . Façon et ajustage.	9 61 1 80 16 50 27 91	» » » » » » 27 90
283 Comme ci-dessus, à grands cadres, à glace au 2e parement, le mètre superficiel, *vingt-neuf francs*.	Bâtis, cadres et panneaux. . . . . Façon et ajustage.	11 41 17 59 29 »	» » » » 29 »
284 Comme ci-dessus, à grands cadres, arasé au 2e parement, le mètre superficiel, *vingt-neuf francs trente centimes*.	Bâtis, cadres et panneaux . . . . Façon et ajustage.	11 41 17 89 29 30	» » » » 29 30
285 Comme ci-dessus, à grands cadres, aux deux parements, le mètre superficiel, *trente-deux francs soixante-cinq centimes*.	Bâtis, cadres et panneaux. . . . . Façon et pose	11 41 21 23 32 64	» » » » 32 65
286 Portes cochères en chêne, 1er bâtis 0^m 09 sur 0^m 25, 2e bâtis, 0^m 07 sur 0^m 16, panneaux de 0^m 040, avec clefs dans les joints. Arasé brut au 2e parement, le mètre superficiel, *vingt-un francs quarante centimes*.	1er bâtis : 0,014 } 0,046 × 150 fr. 10 [5] 2e bâtis : 0,032 Panneaux : 0,026 × 138 fr. 60 [6] . . . . Façon et ajustage.	6 90 3 60 10 90 21 40	» » » » » » 21 40

NUMÉROS ET OBJETS DES SOUS-DÉTAILS	DÉTAILS DES FOURNITURES ET DE LA MAIN-D'ŒUVRE	PRIX élémentaires	d'application
287 Portes cochères en chêne, 1ᵉʳ bâtis 0ᵐ 09 sur 0ᵐ 25, 2ᵉ bâtis, 0ᵐ 07 sur 0ᵐ 16, panneaux de 0ᵐ 040 avec clefs dans les joints. Arasé, à glace au 2ᵉ parement, le mètre superficiel, *vingt-deux francs dix centimes*.	Bâtis et panneaux. . . . . Façon et ajustage.	10 50 11 60 22 10	» » » » 22 10
288 Comme ci-dessus, à petits cadres, jusqu'à 0ᵐ 06 de profil, brut au 2ᵉ parement, le mètre superficiel, *vingt-cinq francs vingt-cinq centimes*.	Bâtis et panneaux. . . . . Façon et ajustage.	10 50 14 75 25 25	» » » » 25 25
289 Comme ci-dessus, à petits cadres, à glace au 2ᵉ parement, le mètre superficiel, *vingt-cinq francs quatre-vingt-quinze centimes*.	Bâtis et panneaux. . . . . Façon et ajustage.	10 50 15 45 25 95	» » » » 25 95
290 Comme ci-dessus, à petits cadres, arasé au 2ᵉ parement, le mètre superficiel, *vingt-six francs vingt-cinq centimes*.	Bâtis et panneaux. . . . . Façon et ajustage.	10 50 15 75 26 25	» » » » 26 25
291 Comme ci-dessus, à petits cadres aux deux parements, le mètre superficiel, *vingt-neuf francs cinquante centimes*.	Bâtis et panneaux. . . . . Façon et ajustage.	10 50 19 » 29 50	» » » » 29 50
292 Comme ci-dessus, à grands cadres, jusqu'à 0ᵐ 09 de profil, brut au 2ᵉ parement, le mètre superficiel, *trente-trois francs vingt centimes*.	1ᵉʳ bâtis : 0,014 2ᵉ bâtis : 0,032 $\Big\}$ 0,082 × 150 fr. 10 [5] . . . . Cadres : 0,036 Panneaux : 0,013, à 138 fr. 60 [6] . . . . Façon et ajustage	12 31 1 80 19 » 33 20	» » » » » » 33 20
293 Comme ci-dessus, à grands cadres, à glace au 2ᵉ parement, le mètre superficiel, *trente-trois francs quatre-vingt-dix centimes*.	Bâtis, cadres et panneaux. . . . . Façon et ajustage	14 11 19 80 33 91	» » » » 33 90

NUMÉROS ET OBJETS DES SOUS-DÉTAILS	DÉTAILS DES FOURNITURES ET DE LA MAIN-D'ŒUVRE	PRIX élémentaires	d'application
294 Portes cochères en chêne, 1ᵉʳ bâtis 0ᵐ 09 sur 0ᵐ 25, 2ᵉ bâtis, 0ᵐ 07 sur 0ᵐ 16, panneaux de 0ᵐ 040, avec clefs dans les joints. A grands cadres, arasé au 2ᵉ parement, le mètre superficiel, *trente-quatre francs vingt centimes*.	Bâtis, cadres et panneaux. . . . . Façon et ajustage.	14 11 20 08 34 19	» » » » 34 20
295 Comme ci-dessus, à grands cadres, au deux parements, le mètre superficiel, *trente-neuf francs quinze centimes*.	Bâtis, cadres et panneaux. . . . . Façon et ajustage.	14 11 25 03 39 14	» » » » 39 15
296 Comme ci-dessus, panneaux de 0ᵐ 054 avec clefs dans les joints, arasé, brut au 2ᵉ parement, le mètre superficiel, *vingt-trois francs vingt centimes*.	1ᵉʳ bâtis : 0,014 2ᵉ bâtis : 0,032 } (0,082 × 15) fr. 10 ⁽⁵⁾ . . . . . Panneaux : 0,036 Façon et ajustage.	12 31 10 89 23 20	» » » » 23 20
297 Comme ci-dessus, arasé, à glace au 2ᵉ parement, le mètre superficiel, *vingt-trois francs quatre-vingt-dix centimes*.	Bâtis et panneaux. . . . . Façon et ajustage.	12 31 11 61 23 92	» » » » 23 90
298 Comme ci-dessus, à petits cadres, jusqu'à 0ᵐ 07 de profil, brut au 2ᵉ parement, le mètre superficiel, *vingt-sept francs cinquante-cinq centimes*.	Bâtis et panneaux. . . . . Façon et ajustage.	12 31 15 24 27 55	» » » » 27 55
299 Comme ci-dessus, à petits cadres, à glace au 2ᵉ parement, le mètre superficiel, *vingt-huit francs vingt-cinq centimes*.	Bâtis et panneaux. . . . . Façon et ajustage.	12 31 15 95 28 26	» » » » 28 25
300 Comme ci-dessus, à petits cadres, arasé au 2ᵉ parement, le mètre superficiel, *vingt-huit francs cinquante-cinq centimes*.	Bâtis et panneaux. . . . . Façon et ajustage.	12 31 16 23 28 54	» » » » 28 55

NUMÉROS ET OBJETS DES SOUS-DÉTAILS	DÉTAILS DES FOURNITURES ET DE LA MAIN-D'ŒUVRE	PRIX élémentaires	d'application
301 Portes cochères en chêne : 1er bâtis : 0,09 sur 0m 25 : 2e bâtis : 0,07 sur 0m 16, panneaux de 0,054, avec clefs dans les joints. A petits cadres aux deux parements, le mètre superficiel, *trente-un francs quatre-vingt-cinq centimes*.	Bâtis et panneaux. . . . . Façon et ajustage.	12 31 19 53 31 84	» » » » 31 85
302 Comme ci-dessus, à grands cadres, jusqu'à 0m 10 de profil, brut au 2e parement, le mètre superficiel, *trente-cinq francs*.	1er bâtis : 0,014 ⎫ 2e bâtis : 0,032 ⎬ 0,103, à 150 fr. 10 (5) . . . . Cadres : 0,040 ⎬ Panneaux : 0,017 ⎭ Façon et ajustage.	15 46 19 53 34 99	» » » » 35 »
303 Comme ci-dessus, à grands cadres, à glace au 2e parement, le mètre superficiel, *trente - cinq francs soixante-dix centimes*.	Bâtis, cadres et panneaux. . . . . Façon et ajustage.	15 46 20 24 35 70	» » » » 35 70
304 Comme ci-dessus, à grands cadres, arasé au 2e parement, le mètre superficiel, *trente-six francs*.	Bâtis, cadres et panneaux. . . . . Façon et ajustage.	15 46 20 52 35 98	» » » » 36 »
305 Comme ci-dessus, à grands cadres au deux parements, le mètre superficiel, *quarante-un francs*.	Bâtis, cadres et panneaux . . . . Façon et ajustage.	15 46 25 52 40 98	» » » » 41 »
306 Portes cochères en chêne : 1er bâtis : 0,11 sur 0,32 ; 2e bâtis : 0,08 sur 0m 20, panneaux de 0,040 avec clefs dans les joints. Arasé, brut au 2e parement, le mètre superficiel, *vingt-trois francs soixante-quinze centimes*.	1er bâtis : 0,020 ⎫ 2e bâtis : 0,042 ⎬ 0,062 × 150 fr. 10 (5) . . . . Panneaux : 0,021, à 138 fr. 60 (6) . . . . Façon et ajustage.	9 31 2 91 11 55 23 77	» » » » » » 23 75
307 Comme ci-dessus, arasé, à glace au 2e parement, le mètre superficiel, *vingt-quatre francs cinquante centimes*.	Bâtis et panneaux. . . . . Façon et ajustage.	12 22 12 27 24 49	» » » » 24 50

6

NUMÉROS ET OBJETS DES SOUS-DÉTAILS	DÉTAILS DES FOURNITURES ET DE LA MAIN-D'ŒUVRE	PRIX élémentaires	d'application
308 Portes cochères en chêne : 1er bâtis : 0,11 sur 0,32 ; 2e bâtis ; 0,08 sur 0^m 20, panneaux de 0,040 avec clefs dans les joints. A petits cadres jusqu'à 0^m 07 de profil brut au 2e parement, le mètre superficiel, *vingt-huit francs dix centimes.*	Bâtis et panneaux............. Façon et ajustage..............	12 22 15 90 28 12	» » » » 28 10
309 Comme ci-dessus, à petits cadres, à glace au 2e parement, le mètre superficiel, *vingt-huit francs quatre-vingt-cinq centimes.*	Bâtis et panneaux............. Façon et ajustage..............	12 22 16 61 28 83	» » » » 28 85
310 Comme ci-dessus, à petits cadres, arasé au 2e parement, le mètre superficiel, *vingt-neuf francs dix centimes.*	Bâtis et panneaux............. Façon et ajustage..............	12 22 16 89 29 11	» » » » 29 10
311 Comme ci-dessus, à petits cadres au deux parements, le mètre superficiel, *trente-deux francs quatre-vingt-quinze centimes.*	Bâtis et panneaux............. Façon et ajustage..............	12 22 20 74 32 96	» » » » 32 95
312 Comme ci-dessus, à grands cadres, jusqu'à 0^m 09 de profil, brut au 2e parement, le mètre superficiel, *trente-cinq francs trente-cinq centimes.*	1er bâtis : 0,020 2e bâtis : 0,042 } $0,091 \times 150$ fr. 10 [5] Cadres : 0,029 Panneaux : 0,011, à 130 fr. 60 [6] Façon et ajustage..............	13 66 1 52 20 35 35 33	» » » » » » 35 35
313 Comme ci-dessus, à grands cadres, à glace au 2e parement, le mètre superficiel, *trente-six francs vingt-cinq centimes.*	Bâtis, cadres et panneaux ...... Façon et ajustage..............	15 18 21 07 36 25	» » » » 36 25
314 Comme ci-dessus, à grands cadres, arasé au 2e parement, le mètre superficiel, *trente-six francs cinquante centimes.*	Bâtis, cadres et panneaux ...... Façon et ajustage..............	15 18 21 34 36 52	» » » » 36 50

NUMÉROS ET OBJETS DES SOUS-DÉTAILS	DÉTAILS DES FOURNITURES ET DE LA MAIN-D'ŒUVRE	PRIX élémentaires	d'application
315 Portes cochères en chêne : 1ᵉʳ bâtis : 0,11 sur 0,32 ; 2ᵉ bâtis : 0,08 sur 0ᵐ 20, panneaux de 0,040 avec clefs dans les joints. A grands cadres aux deux parements, le mètre superficiel, *quarante-un francs quatre-vingts centimes.*	Bâtis, cadres et panneaux. . . . . Façon et ajustage.	15 18 26 62 41 80	» » » » 41 80
316 Comme ci-dessus, panneaux de 0ᵐ 054 avec clefs dans les joints, arasé brut au 2ᵉ parement, le mètre superficiel, *vingt-cinq francs cinq centimes.*	1ᵉʳ bâtis : 0,020 2ᵉ bâtis : 0,042 } 0,090 × 150 fr. 10 ⁽⁵⁾ . . . . . Panneaux : 0,028 Façon et ajustage.	13 51 11 55 25 06	» » » » 25 05
317 Comme ci-dessus, arasé, à glace au 2ᵉ parement, le mètre superficiel, *vingt-cinq francs quatre-vingts centimes.*	Bâtis et panneaux. . . . . Façon et ajustage.	13 51 12 27 25 78	» » » » 25 80
318 Comme ci-dessus, à petits cadres, jusqu'à 0ᵐ 08 de profil, brut au 2ᵉ parement, le mètre superficiel, *vingt-neuf francs quatre-vingts centimes.*	Bâtis et panneaux. . . . . Façon et ajustage.	13 51 16 28 29 79	» » » » 29 80
319 Comme ci-dessus, à petits cadres, à glace au 2ᵉ parement, le mètre superficiel, *trente francs cinquante centimes.*	Bâtis et panneaux. . . . . Façon et ajustage.	13 51 17 » 30 51	» » » » 30 50
320 Comme ci-dessus, à petits cadres, arasé au 2ᵉ parement, le mètre superficiel, *trente francs quatre-vingts centimes.*	Bâtis et panneaux. . . . . Façon et ajustage.	13 51 17 27 30 78	» » » » 30 80
321 Comme ci-dessus, à petits cadres aux deux parements, le mètre superficiel, *trente-quatre francs soixante-quinze centimes.*	Bâtis et panneaux. . . . . Façon et ajustage.	13 51 21 23 34 74	» » » » 34 75

NUMÉROS ET OBJETS DES SOUS-DÉTAILS	DÉTAILS DES FOURNITURES ET DE LA MAIN-D'OEUVRE	PRIX élémentaires	PRIX d'application
322 **Portes cochères en chêne :** 1ᵉʳ bâtis : 0,11 sur 0,32 ; 2ᵉ bâtis : 0,08 sur 0ᵐ 20, panneaux de 0,054 avec clefs dans les joints. A grands cadres, jusqu'à 0ᵐ 10 de profil, brut au 2ᵉ parement, le mètre superficiel, *trente-six francs quatre-vingt-quinze centimes.*	1ᵉʳ bâtis : 0,020 ⎫ 2ᵉ bâtis : 0,042 ⎪ Cadres : 0,032 ⎬ 0,108 × 150 fr. 10 ⁽³⁾ . . . Panneaux : 0,014 ⎭ Façon et ajustage	16 21 20 74 36 95	» » » » 36 95
323 Comme ci-dessus, à grands cadres, à glace au 2ᵉ parement, le mètre superficiel, *trente-sept francs soixante-cinq centimes.*	Bâtis, cadres et panneaux. . . . . . . Façon et ajustage	16 21 21 45 37 66	» » » » 37 65
324 Comme ci-dessus, à grands cadres, arasé au 2ᵉ parement, le mètre superficiel, *trente-sept francs quatre-vingt-quinze centimes.*	Bâtis, cadres et panneaux. . . . . . . Façon et ajustage	16 21 21 73 37 94	» » » » 37 95
325 Comme ci-dessus, à grands cadres aux deux parements, le mètre superficiel, *quarante-trois francs trente-cinq centimes.*	Bâtis, cadres et panneaux . . . . . Façon et ajustage	16 21 27 12 43 33	» » » » 43 35

326
Plus-values.
	Plus-value pour les moulures dont la largeur excédera celle du profil prescrit par chaque centimètre de largeur :
	    Sapin, le mètre linéaire. . . . .
	    Chêne, id. . . . .
	Plus-value pour chaque panneau en plus de 3 sur la hauteur, ou pour division sur la largeur :
	A petits cadres : 15 0/0 du prix du mètre superficiel.
	A grands cadres : 20 0/0 id. id.
		» 18
		» 25
			» »
			» »

327 **Portes d'entrée ordinaires,** bâtis de 0,040, panneaux de 0,034, dormant de 0,06. Tout sapin, à petits cadres, brut au 2ᵉ parement, le mètre superficiel, *dix francs soixante-cinq centimes.*	ART. 15. *Portes d'entrée ordinaires.* Dormant : 0,016 × 80 fr. 85 = ... Bâtis : 0,35 × 0,041 × 80 fr. 85 = . . Panneaux : 0,64 × 0,034 × 80 fr. 85 = ... Façon et ajustage.	1 29 1 16 1 76 6 44 10 65	» » » » » » » » 10 65

NUMÉROS ET OBJETS DES SOUS-DÉTAILS	DÉTAILS DES FOURNITURES ET DE LA MAIN-D'ŒUVRE	PRIX élémentaires	d'application
328 Portes d'entrée ordinaires, bâtis de 0,040, panneaux de 0,034, dormant de 0,06. A petits cadres, à glace au 2ᵉ parement, le mètre superficiel, *onze francs dix centimes*.	Dormant, bâtis, panneaux . . . . Façon et ajustage.	4 21 6 88 11 09	» » » » 11 10
329 Comme ci-dessus, à petits cadres, arasé au 2ᵉ parement, le mètre superficiel, *onze francs vingt-cinq centimes*.	Dormant, bâtis, panneaux. . . . . Façon et ajustage.	4 21 7 04 11 25	 11 25
330 Comme ci-dessus, à petits cadres aux deux parements, le mètre superficiel, *douze francs soixante-cinq centimes*.	Dormant, bâtis, panneaux . . . . Façon et ajustage.	4 21 8 42 12 63	» » » » 12 65
331 Comme ci-dessus, à grands cadres, brut au 2ᵉ parement, le mètre superficiel, *douze francs quatre-vingt-quinze centimes*.	Dormant : 0,016 × 80 fr. 85 = ... Bâtis : 0,37 × 0,041 × 80 fr. 85 = ... Cadres : 0,011, à 80 fr. 85 = ... Panneaux : 0,50 × 0,034 × 80 fr. 85 . . . . . . Façon et ajustage.	1 29 1 23 » 89 1 37 8 20 12 98	» » » » » » » » » » 12 95
332 Comme ci-dessus, à grands cadres, à glace au 2ᵉ parement, le mètre superficiel, *treize francs quarante centimes*.	Dormant, bâtis, cadres et panneaux. . . . . Façon et ajustage.	4 78 8 64 13 42	» » » » 13 40
333 Comme ci-dessus, à grands cadres, arasé au 2ᵉ parement, le mètre superficiel, *treize francs soixante centimes*.	Dormant, bâtis, cadres et panneaux. . . . . Façon et ajustage.	4 78 8 80 13 58	» » » » 13 60
334 Comme ci-dessus, à grands cadres aux deux parements, le mètre superficiel, *quinze francs cinquante centimes*.	Dormant, bâtis, cadres et panneaux. . . . . Façon et ajustage.	4 78 10 73 15 51	» » » » 15 50

NUMÉROS ET OBJETS DES SOUS-DÉTAILS	DÉTAILS DES FOURNITURES ET DE LA MAIN-D'ŒUVRE	PRIX élémentaires	PRIX d'application
335 Portes d'entrée, bâtis de 0,041, panneaux de 0,034, dormant de 0m 06, dormant et bâtis chêne, panneaux sapin. A petits cadres, brut au 2ᵉ parement, le mètre superficiel, *treize francs vingt-cinq centimes.*	Dormant : 0,016 × 150 fr. 10 [5] . . . . . . Bâtis : 0,011 × 138 fr. 60 [6] . . . . Panneaux : 0,64 × 0,034 × 80 fr. 85 [8] . . . Façon et ajustage	2 40 1 52 1 76 7 59 13 27	» » » » » » » » 13 25
336 Comme ci-dessus, à petits cadres, à glace au 2ᵉ parement, le mètre superficiel, *treize francs quatre-vingt-cinq centimes.*	Dormant, bâtis et panneaux . . . . Façon et ajustage	5 68 8 19 13 87	» » » » 13 85
337 Comme ci-dessus, à petits cadres, arasé au 2ᵉ parement, le mètre superficiel, *quatorze francs cinq centimes.*	Dormant, bâtis et panneaux . . . . Façon et ajustage	5 68 8 36 14 04	» » » » 14 05
338 Comme ci-dessus, à petits cadres, aux deux parements, le mètre superficiel, *quinze francs soixante-cinq centimes.*	Dormant, bâtis, et panneaux . . . . Façon et ajustage	5 68 9 96 15 64	» » » » 15 65
339 Comme ci-dessus, à grands cadres, brut au 2ᵉ parement, le mètre superficiel, *dix-sept francs cinq centimes.*	Dormant : 0,016 ⎫ Cadres : 0,011 ⎬ 0,027 × 150 fr. 10 [8] . . . Bâtis : 0,014, à 138 fr. 60 . . . . Panneaux : 0,50 × 0,034 × 80 fr. 85 [9] . . . Façon et ajustage	4 05 1 94 1 37 9 68 17 04	» » » » » » » » 17 05
340 Comme ci-dessus, à grands cadres, à glace au 2ᵉ parement, le mètre superficiel, *dix-sept francs quatre-vingts centimes.*	Dormant, cadres, bâtis et panneaux . . . . Façon et ajustage	7 36 10 45 17 81	» » » » 17 80
341 Comme ci-dessus, à grands cadres, arasé au 2ᵉ parement, le mètre superficiel, *dix-huit francs.*	Dormant, bâtis, cadres et panneaux . . . . Façon et ajustage	7 36 10 62 17 98	» » » » 18 »

NUMÉROS ET OBJETS DES SOUS-DÉTAILS	DÉTAILS DES FOURNITURES ET DE LA MAIN-D'OEUVRE	PRIX élémentaires	d'application
342 Portes d'entrée, bâtis de 0,041, panneaux de 0,034, dormant de 0ᵐ 06, dormant et bâtis chêne, panneaux sapin. A grands cadres aux deux parements, le mètre superficiel, *vingt francs cinq centimes.*	Dormant, bâtis, cadres et panneaux . . . . . Façon et ajustage	7 36 12 71 20 07	» » » » 20 05
343 Portes d'entrée, bâtis de 0,041, panneaux de 0,034, dormant de 0ᵐ 06. Tout chêne, à petits cadres, brut au 2ᵉ parement, le mètre superficiel, *seize francs.*	Dormant : 0,016 × 150 fr. 10 ⁽⁵⁾ . . . . Bâtis : 0,014 } Panneaux : 0,021 } 0,035 × 138 fr. 60 ⁽⁶⁾ Façon et ajustage	2 40 4 85 8 75 16 »	» » » » » » 16 »
344 Comme ci-dessus, à petits cadres, à glace au 2ᵉ parement, le mètre superficiel, *seize francs soixante-dix centimes.*	Dormant, bâtis et panneaux . . . . Façon et ajustage	7 25 9 46 16 71	» » » » 16 70
345 Comme ci-dessus, à petits cadres, arasé au 2ᵉ parement, le mètre superficiel, *seize francs quatre-vingt-quinze centimes.*	Dormant, bâtis et panneaux . . . . Façon et ajustage	7 25 9 68 16 93	» » » » 16 93
346 Comme ci-dessus, à petits cadres aux deux parements, le mètre superficiel, *dix-huit francs soixante-quinze centimes.*	Dormant, bâtis et panneaux . . . . Façon et ajustage	7 25 11 50 18 75	» » » » 18 75
347 Comme ci-dessus, à grands cadres, brut au 2ᵉ parement, le mètre superficiel, *dix-neuf francs quarante-cinq centimes.*	Dormant : 0,016 } Cadres : 0,011 } 0,027 × 150 fr. 10 ⁽⁵⁾ . . Bâtis : 0,014 } Panneaux : 0,016 } 0,030 × 138 fr. 60 ⁽⁶⁾ . . Façon et ajustage	4 05 4 16 11 22 19 43	» » » » » » 19 45
348 Comme ci-dessus, à grands cadres, à glace au 2ᵉ parement, le mètre superficiel, *vingt francs quinze centimes.*	Dormant, cadres, bâtis et panneaux . . . . . Façon et ajustage	8 21 11 94 20 15	» » » » 20 15

NUMÉROS ET OBJETS DES SOUS-DÉTAILS	DÉTAILS DES FOURNITURES ET DE LA MAIN-D'ŒUVRE	PRIX élémentaires	d'application
349 Portes d'entrée, bâtis de 0,041, panneaux de 0,034, dormant de 0m 08. A grands cadres, arasé au 2ᵉ parement, le mètre superficiel, *vingt francs trente-cinq centimes.*	Dormant, cadres, bâtis et panneaux. . . . . . . Façon et ajustage	8 21 12 16 20 37	» » » » 20 35
350 Comme ci-dessus, à grands cadres, aux deux parements, le mètre superficiel, *vingt-deux francs quatre-vingt-quinze centimes.*	Dormant, cadres, bâtis et panneaux. . . . . . . Façon et ajustage	8 21 14 74 22 95	» » » » 22 95
351 Portes d'entrée ordinaires, bâtis de 0m 054, panneaux de 0,041, dormant de 0,075. Tout sapin, à petits cadres, brut au 2ᵉ parement, le mètre superficiel, *douze francs trente-cinq centimes.*	Dormant : 0,020 × 80 fr. 85 [8] = ... Bâtis : 0,35 × 0,054 × 80 fr. 85 [8] = ... Panneaux : 0,64 × 0,041 × 80 fr. 85 [8] = . . . Façon et ajustage.	1 62 1 53 2 12 7 10 12 37	» » » » » » » » 12 35
352 Comme ci-dessus, à petits cadres, à glace au 2ᵉ parement, le mètre superficiel, *douze francs soixante-quinze centimes.*	Dormant, bâtis et panneaux. . . . . Façon et ajustage.	5 27 7 48 12 75	» » » » 12 75
353 Comme ci-dessus, à petits cadres, arasé au 2ᵉ parement, le mètre superficiel, *douze francs quatre-vingt-dix centimes.*	Dormant, bâtis et panneaux. . . . . Façon et ajustage.	5 27 7 65 12 92	» » » » 12 90
354 Comme ci-dessus, à petits cadres aux deux parements, le mètre superficiel, *quatorze francs cinquante-cinq centimes.*	Dormant, bâtis et panneaux. . . . . Façon et ajustage.	5 27 9 30 14 57	» » » » 14 55
355 Comme ci-dessus, à grands cadres, brut au 2ᵉ parement, le mètre superficiel, *quinze francs dix centimes.*	Dormant : 0,020 × 80 fr. 85 [8] = ... Bâtis : 0,37 × 0,054 × 80 fr. 85 [8] = ... Cadres : 0,013 × 80 fr. 85 [8] = ... Panneaux : 0,50 × 0,041 × 80 fr. 85 [8] = . . . Façon et ajustage.	1 62 1 62 1 05 1 66 9 13 15 08	» » » » » » » » » » 15 10

NUMÉROS ET OBJETS DES SOUS-DÉTAILS	DÉTAILS DES FOURNITURES ET DE LA MAIN-D'ŒUVRE	PRIX élémentaires	d'application
356 Portes d'entrée ordinaires, bâtis de 0ᵐ 054, panneaux de 0,041, dormant de 0,075, tout sapin. A grands cadres, à glace au 2ᵉ parement le mètre superficiel, *quinze francs quarante-cinq centimes.*	Dormant, bâtis, cadres, panneaux . . . . Façon et ajustage.	5 95 9 52 15 47	» » » » 15 45
357 Comme ci-dessus, à grands cadres, arasé au 2ᵉ parement, le mètre superficiel, *quinze francs soixante-cinq centimes.*	Dormant, bâtis, cadres, panneaux . . . . Façon et ajustage.	5 95 9 68 15 63	» » » » 15 65
358 Comme ci-dessus, à grands cadres aux deux parements, le mètre superficiel, *dix-sept francs.*	Dormant, bâtis, cadres, panneaux . . . . Façon et ajustage.	5 95 12 05 17 »	» » » » 17 »
359 Portes d'entrée, bâtis de 0ᵐ 054, panneaux de 0,041, dormant de 0,075, dormant et bâtis chêne, panneaux sapin. A petits cadres, brut au 2ᵉ parement, le mètre superficiel, *seize francs trente centimes.*	Dormant : 0,020 } 0,038 × 150 fr. 10 [5] Bâtis : 0,018 } Panneaux : 0,64 × 0,041 × 80 fr. 85 [6] = ... Façon et ajustage	5 70 2 12 8 47 16 29	» » » » » » 16 30
360 Comme ci-dessus, à petits cadres, à glace au 2ᵉ parement, le mètre superficiel, *seize francs quatre-vingt-dix centimes.*	Dormant, bâtis, panneaux . . . . Façon et ajustage.	7 82 9 08 16 90	» » » » 16 90
361 Comme ci-dessus, à petits cadres arasé au 2ᵉ parement, le mètre superficiel, *dix-sept francs cinq centimes.*	Dormant, bâtis, panneaux . . . . Façon et ajustage.	7 82 9 24 17 06	» » » » 17 05
362 Comme ci-dessus, à petits cadres, aux deux parements, le mètre superficiel, *dix-huit francs quatre-vingt-dix centimes.*	Dormant, bâtis et panneaux . . . . Façon et ajustage.	7 82 11 06 18 88	» » » » 18 90

NUMÉROS ET OBJETS DES SOUS-DÉTAILS	DÉTAILS DES FOURNITURES ET DE LA MAIN-D'OEUVRE	PRIX élémentaires	d'application
363 Portes d'entrée, bâtis de $0^m 054$, panneaux de 0,041, dormant de 0,075, dormant et bâtis chêne, panneaux sapin. A grands cadres, brut au 2ᵉ parement, le mètre superficiel, *vingt francs soixante-dix centimes.*	Dormant : 0,020 ⎫ Bâtis : 0,019 ⎬ $0,052 \times 150$ fr. 10 [5] . . . . . Cadres : 0,013 ⎭ Panneaux : $0,50 \times 0,041 \times 80$ fr. 85 [8] = ... Façon et ajustage.	7 81 2 12 10 78 20 71	» » » » » » 20 70
364 Comme ci-dessus, à grands cadres, à glace au 2ᵉ parement, le mètre superficiel, *vingt-un francs trente centimes.*	Dormant, bâtis, cadres. . . . . Façon et ajustage.	9 93 11 38 21 31	» » » » 21 30
365 Comme ci-dessus, à grands cadres, arasé au 2ᵉ parement, le mètre superficiel, *vingt-un francs cinquante centimes.*	Dormant, bâtis, cadres et panneaux . . . . Façon et ajustage.	9 93 11 55 21 48	» » » » 21 50
366 Comme ci-dessus, à grands cadres au 2ᵉ parement, le mètre superficiel, *vingt-quatre francs cinq centimes.*	Dormant, bâtis, cadres et panneaux . . . . Façon et ajustage.	9 93 14 14 24 07	» » » » 24 05
367 Portes d'entrée, bâtis de $0^m 054$, panneaux de $0^m 041$, dormant de 0,075. Tout chêne, à petits cadres, brut au 2ᵉ parement, le mètre superficiel. *dix-huit francs quatre-vingt-dix centimes.*	Dormant : 0,020 ⎫ Bâtis : 0,018 ⎬ $0,038 \times 150$ fr. 10 [5] . . . . Panneaux : $0,025 \times 138$ fr. 60 [8] . . . . Façon et ajustage.	5 70 3 47 9 74 18 91	» » » » » » 18 90
368 Comme ci-dessus, à petits cadres, à glace au 2ᵉ parement, le mètre superficiel, *dix-neuf francs soixante centimes.*	Dormant, bâtis et panneaux. . . . . Façon et ajustage.	9 17 10 45 19 62	» » » » 19 60
369 Comme ci-dessus, à petits cadres, arasé au 2ᵉ parement, le mètre superficiel, *dix-neuf francs quatre-vingt-cinq centimes.*	Dormant, bâtis et panneaux. . . . . Façon et ajustage.	9 17 10 67 19 84	» » » » 19 85

NUMÉROS ET OBJETS DES SOUS-DÉTAILS	DÉTAILS DES FOURNITURES ET DE LA MAIN-D'ŒUVRE	PRIX élémentaires	d'application
370 Portes d'entrée, bâtis de 0^m054, panneaux de 0^m041, dormant de $0,075$. A petits cadres aux deux parements, le mètre superficiel, *vingt-deux francs*.	Dormant, bâtis et panneaux. . . . . Façon et ajustage.	9 17 12 82 21 99	» » » » 22 »
371 Comme ci-dessus, à grands cadres, brut au 2ᵉ parement, le mètre superficiel, *vingt-deux francs quatre-vingt-cinq centimes.*	Dormant : 0,020 Bâtis : 0,019 $\Big\}$ $0,052 \times 150$ fr. $10^{(8)}$. . . . . Cadres : 0,013 Panneaux : $0,059 \times 138$ fr. $60^{(8)}$. . . . . . . Façon et ajustage.	7 81 2 63 12 43 22 87	» » » » » » 22 85
372 Comme ci-dessus, à grands cadres, à glace au 2ᵉ parement, le mètre superficiel, *vingt-trois francs soixante centimes.*	Dormant, bâtis, cadres et panneaux. . . . . . . Façon et ajustage.	10 44 13 15 23 59	» » » » 23 60
373 Comme ci-dessus, à grands cadres, arasé au 2ᵉ parement, le mètre superficiel, *vingt-trois francs quatre-vingts centimes.*	Dormant, bâtis, cadres et panneaux. . . . . . . Façon et ajustage.	10 44 13 37 23 81	» » » » 23 80
374 Comme ci-dessus, à grands cadres aux deux parements, le mètre superficiel, *vingt-six francs vingt-cinq centimes.*	Dormant, bâtis, cadres et panneaux. . . . . . . Façon et ajustage.	10 44 15 79 26 23	» » » » 26 25
375 Portes d'entrée ordinaires, bâtis de 0^m06, panneaux de 0^m05, dormant de 0^m076. Tout sapin, à petits cadres, brut au 2ᵉ parement, le mètre superficiel, *treize francs quinze centimes.*	Dormant : 0,020 Bâtis : 0,021 $\Big\}$ $0,041 \times 80$ fr. $85^{(8)}$. . . . . Panneaux : $0,64 \times 0,054 \times 80$ fr. $85^{(8)}$. . . . . Façon et ajustage.	3 31 2 79 8 03 13 13	» » » » » » 13 15
376 Comme ci-dessus, à petits cadres, à glace au 2ᵉ parement, le mètre superficiel, *quatorze francs quarante centimes.*	Dormant, bâtis et panneaux. . . . . Façon et ajustage.	6 10 8 31 14 41	» » » » 14 40

NUMÉROS ET OBJETS DES SOUS-DÉTAILS	DÉTAILS DES FOURNITURES ET DE LA MAIN-D'OEUVRE	PRIX élémentaires	d'application
377 Portes d'entrée ordinaires, bâtis de $0^m 06$, panneaux de $0^m 05$, dormant de $0^m 076$. A petits cadres, arasé au 2e parement, le mètre superficiel, *quatorze francs cinquante-cinq centimes*.	Dormant, bâtis et panneaux.......... Façon et ajustage.............	6 10 8 47 14 57	» » » » 14 55
378 Comme ci-dessus, à petits cadres aux deux parements, le mètre superficiel, *seize francs cinquante-cinq centimes*.	Dormant, bâtis et panneaux.......... Façon et ajustage.............	6 10 10 45 16 55	» » » » 16 55
379 Comme ci-dessus, à grands cadres, brut au 2e parement, le mètre superficiel, *dix-sept francs dix centimes*.	Dormant : 0,021 $\Big\}$ Bâtis : 0,022 $\Big\}$ $0,058 \times 80$ fr. $85^{(8)} =$ .... Cadres : 0,015 Panneaux : $0^m 50 \times 0,054 \times 80$ fr. $85^{(8)} =$ .... Façon et ajustage.............	4 69 2 18 10 23 17 10	» » » » » » 17 10
380 Comme ci-dessus, à grands cadres, à glace au 2e parement, le mètre superficiel, *dix-sept francs trente-cinq centimes*.	Dormant, bâtis, cadres et panneaux......... Façon et ajustage.	6 87 10 50 17 37	» » » » 17 35
381 Comme ci dessus, à grands cadres, arasé au 2e parement, le mètre superficiel, *dix-sept francs cinquante-cinq centimes*.	Dormant, bâtis, cadres et panneaux......... Façon et ajustage.............	6 87 10 67 17 54	» » » » 17 55
382 Comme ci-dessus, à grands cadres aux deux parements, le mètre superficiel, *vingt francs vingt-cinq centimes*.	Dormant, bâtis, cadres et panneaux......... Façon et ajustage.............	6 87 13 37 20 24	» » » » 20 25
383 Portes d'entrée, bâtis de $0^m 08$, panneaux de $0^m 054$, dormant de 0,076, dormant et bâtis chêne, panneaux sapin. A petits cadres, brut au 2e parement, le mètre superficiel, *dix-huit francs quarante centimes*.	Dormant : 0,020 $\Big\}$ $0,041 \times 150$ fr. $40^{(5)}$ .... Bâtis : 0,021 Panneaux : $0,64 \times 0,054 \times 80$ fr. $85^{(8)}$ ...... Façon et ajustage...........	6 15 2 79 9 46 18 40	» » » » » » 18 40

NUMÉROS ET OBJETS DES SOUS-DÉTAILS	DÉTAILS DES FOURNITURES ET DE LA MAIN-D'ŒUVRE	PRIX élémentaires	d'application
384 Portes d'entrée, bâtis de 0ᵐ 06, panneaux de 0ᵐ 054, dormant de 0,078, dormant et bâtis chêne, panneaux sapin. A petits cadres, à glace au 2ᵉ parement, le mètre superficiel, *dix-neuf francs*.	Dormant, bâtis et panneaux. . . . . Façon et ajustage.	8 94 10 07 19 01	» » » » 19 »
385 Comme ci-dessus, à petits cadres, arasé au 2ᵉ parement, le mètre superficiel, *dix-neuf francs quinze centimes*.	Dormant, bâtis et panneaux. . . . . Façon et ajustage.	8 94 10 23 19 17	» » » » 19 15
386 Comme ci-dessus, à petits cadres aux deux parements, le mètre superficiel, *vingt-un francs trente centimes*.	Dormant, bâtis et panneaux. . . . . Façon et ajustage.	8 94 12 38 21 32	» » » » 21 30
387 Comme ci-dessus, à grands cadres brut au 2ᵉ parement, le mètre superficiel, *vingt-trois francs cinq centimes*.	Dormant : 0,021 Bâtis : 0,022 } $0,058 \times 150$ fr. 10 [3] Cadres : 0,015 Panneaux : $0,50 \times 0,054 \times 80$ fr. 85 [8] . . . . . . Façon et ajustage.	8 71 2 18 12 16 23 05	» » » » » » 23 05
388 Comme ci-dessus, à grands cadres, à glace au 2ᵉ parement, le mètre superficiel, *vingt-trois francs quarante-cinq centimes*.	Dormant, bâtis, cadres et panneaux. . . . . Façon et ajustage.	10 89 12 54 22 43	» » » » 22 45
389 Comme ci-dessus, à grands cadres, arasé au 2ᵉ parement, le mètre superficiel, *vingt-trois francs soixante centimes*.	Dormant, bâtis, cadres et panneaux . . . . Façon et ajustage.	10 89 12 71 23 60	» » » » 23 60
390 Comme ci-dessus, à grands cadres, aux deux parements, le mètre superficiel, *vingt-six francs quatre-vingt-cinq centimes*.	Dormant, bâtis, cadres et panneaux. . . . . Façon et ajustage.	10 89 15 95 26 84	» » » » 26 85

NUMÉROS ET OBJETS DES SOUS-DÉTAILS	DÉTAILS DES FOURNITURES ET DE LA MAIN-D'OEUVRE	PRIX élémentaires	d'application
391 Portes d'entrée, bâtis de 0m 03, panneaux de 0m 054, dormant de 0m 076. Tout chêne, à petits cadres, brut au 2e parement, le mètre superficiel, *vingt-deux francs cinq centimes*.	Dormant : 0,020 ⎫ Bâtis : 0,021 ⎬ 0,074 × 150 fr. 10 [5] . . . . Panneaux : 0,033 ⎭ Façon et ajustage.	11 11 10 95 22 06	» » » » 22 05
392 Comme ci-dessus, à petits cadres, à glace au 2e parement, le mètre superficiel, *vingt-deux francs soixante-quinze centimes*.	Dormant, bâtis et panneaux. . . . . Façon et ajustage.	11 11 11 66 22 77	» » » » 22 75
393 Comme ci-dessus, à petits cadres, arasé au 2e parement, le mètre superficiel, *vingt-trois francs*.	Dormant, bâtis et panneaux. . . . . Façon et ajustage.	11 11 11 88 22 99	» » » » 23 »
394 Comme ci-dessus, à petits cadres aux deux parements, le mètre superficiel, *vingt-cinq francs cinquante centimes*.	Dormant, bâtis et panneaux. . . . . Façon et ajustage.	11 11 14 41 25 52	» » » » 25 50
395 Comme ci-dessus, à grands cadres, brut au 2e parement, le mètre superficiel, *vingt-six francs cinquante-cinq centimes*.	Dormant : 0,021 ⎫ Bâtis : 0,022 ⎪ Cadres : 0,014 ⎬ 0,083 × 1500 fr. 10 [5] . . . . Panneaux : 0,026 ⎭ Façon et ajustage.	12 46 14 08 26 54	» » » » 26 55
396 Comme ci-dessus, à glace au 2e parement, le mètre superficiel, *vingt-sept francs vingt-cinq centimes*.	Dormant, bâtis, cadres et panneaux. . . . . . . Façon et ajustage.	12 46 14 80 27 26	» » » » 27 25
397 Comme ci-dessus, arasé au 2e parement, le mètre superficiel, *vingt-sept francs cinquante centimes*.	Dormant, bâtis, cadres et panneaux. . . . . . . Façon et ajustage.	12 46 15 02 27 48	» » » » 27 50
398 Comme ci-dessus, à grands cadres, aux deux parements, le mètre superficiel, *trente-un francs*.	Dormant, bâtis, cadres et panneaux . . . . . . Façon et ajustage.	12 46 18 54 31 »	» » » » 31 »

NUMÉROS ET OBJETS DES SOUS-DÉTAILS	DÉTAILS DES FOURNITURES ET DE LA MAIN-D'ŒUVRE	PRIX élémentaires		d'application	

399
Plus-value pour les portes d'entrée.
	Plus-value pour les moulures, dont la largeur excédera :
	Pour les petits cadres, $0^m 04$.
	Pour les grands cadres, $0^m 05$.
	Par chaque centimètre en plus :
	    Sapin, le mètre linéaire. . . . .
	    Chêne, id. . . . .
	Plus-value pour chaque panneau, en bossage, formant pointe de diamant. . . . .
	Plus-value pour moulures poussées au dormant saillant, par porte . . . .
	Plus-value pour chaque caisson à fleur de listel, sur le dormant. . . . .
	Plus-value pour chaque caisson saillant . . . .
	Toute partie à panneaux vides, recouverte d'un volet mobile, sera payée comme celle à panneaux ordinaires (volets compris).
	Toute partie cintrée en élévation sera comptée comme carrée, la longueur de la flèche étant comptée moitié en sus de sa longueur réelle.
	Plus-value pour chaque panneau en plus de 3 sur la hauteur, ou pour division sur la largeur :
	A petits cadres : 20 0/0 du prix du mètre superficiel.
	A grands cadres : 25 0/0 id. id.
	Toute partie cintrée en plan sera payée le double des prix ci-dessus.
		» » » » » » » » » » » »		» 17 » 25 1 50 2 40 » 40 » 80	

400 Portes charretières d'assemblage, panneaux embrevés et clefs dans les joints, les bâtis jusqu'à 3 traverses sur la hauteur et écharpes. Bâtis de 0,041, panneaux de 0,027, tout sapin, le mètre superficiel, *huit francs quatre-vingt-dix centimes*.	Art. 16. — *Portes charretières.* Bâtis et traverses : $0,57 \times 0,041 \times 80$ fr. 85 [8] . . . Écharpes : 0,16 } $0,99 \times 1$ fr. 95 [9]. . . . . . . Panneaux : 0,83 } Façon, compris pointes	1 89 1 93 5 06 8 88		» » » » » » 8 90	
401 Bâtis chêne, panneaux sapin, le mètre superficiel, *onze francs quatre-vingts centimes*.	Bâtis et traverses : $0,022 \times 138$ fr. 60 [6] . . . . . Écharpes et panneaux : $0,99 \times 1$ fr. 95 [9]. . . . . . Façon, compris pointes 	3 05 1 93 6 71 11 79		» » » » » » 11 80	
402 Tout chêne, le mètre superficiel, *quatorze francs vingt centimes*.	Bâtis et traverses : 0,022 } Écharpes : 0,004 } $0,048 \times 138$ fr. 60 [6] . . Panneaux : 0,022 } Façon, compris pointes	6 65 7 54 14 19		» » » » 14 20	
403 Bâtis de 0,054, panneaux de 0,034, tout sapin, le mètre superficiel, *dix francs quatre-vingt-cinq centimes*.	Bâtis et traverses : $0,57 \times 0,054 \times 80$ fr. 85 [8] . . . Écharpes : $0,16 \times 1$ fr. 95 [9]. . . . . Panneaux : $0,83 \times 0,034 \times 80$ fr. 85 [8] . . . . . Façon, compris pointes	2 49 » 31 2 28 5 78 10 86		» » » » » » » » 10 85	

NUMÉROS ET OBJETS DES SOUS-DÉTAILS	DÉTAILS DES FOURNITURES ET DE LA MAIN-D'ŒUVRE	PRIX élémentaires	d'application
404 Bâtis chêne, panneaux sapin, le mètre superficiel, *quatorze francs quatre-vingt-cinq centimes.*	Bâtis et traverses : $0,030 \times 150$ fr. 10 [5] . . . . . Écharpes : $0,004 \times 1$ fr. 95 [9] . . . . Panneaux : $0,83 \times 0,034 \times 80$ fr. 85 [8] . . . . Façon, compris pointes.	4 50 » 31 2 28 7 76 14 85	» » » » » » » » 14 85
405 Tout chêne, le mètre superficiel, *dix-sept francs trente-cinq centimes.*	Bâtis et traverses : $0,030 \times 150$ fr. 10 [5] . . . . . Écharpes : $0,004$ } $0,031 \times 138$ fr. 60 [6] . . . . Panneaux : $0,027$ Façon, compris pointes.	4 50 4 30 8 57 17 37	» » » » » » 17 35
406 Portes charretières d'assemblage, bâtis de $0^m 06$, panneaux de $0,041$, tout sapin, le mètre superficiel, *douze francs trente-cinq centimes.*	Bâtis et traverses : $0,034$, à 80 fr. 85 [8] . . . . . Écharpes : $0,16 \times 1$ fr. 95 [9] . . . . Panneaux : $0,83 \times 0,041 \times 80$ fr. 85 [8] . . . . Façon, compris pointes.	2 75 » 31 2 75 6 44 12 35	» » » » » » » » 12 35
407 Bâtis chêne, panneaux sapin, le mètre superficiel, *seize francs quatre-vingts centimes.*	Bâtis et traverses $0,034 \times 150$ fr. 10 [5] . . . . . Écharpes $0,16 \times 1$ fr. 95 . . . . Panneaux : $0,83 \times 0,041 \times 80$ fr. 85 [8] . . . . Façon, compris pointes.	5 10 » 31 2 75 8 64 16 80	» » » » » » » » 16 80
408 Tout chêne, le mètre superficiel, *dix-neuf francs soixante-dix centimes.*	Bâtis et traverses : $0,034 \times 150$ fr. 10 [5] . . . . . Écharpes : $0,004$ } $0,036 \times 138$ fr. 60 [6] . . . . Panneaux : $0,032$ Façon, compris pointes.	5 10 4 99 9 63 19 72	» » » » » » 19 70
409 Bâtis de $0,076$, panneaux de $0,041$, tout sapin, le mètre superficiel, *quatorze francs vingt centimes.*	Bâtis et traverses : $0,57 \times 0,076 \times 80$ fr. 85 [8] . . Écharpes : $0,16 \times 0,041 \times 80$ fr. 85 [8] . . . . Panneaux : $0,83 \times 0,041 \times 80$ fr. 85 [8] . . . . Façon, compris pointes	3 50 » 53 2 75 7 43 14 21	» » » » » » » » 19 45
410 Bâtis chêne, panneaux sapin, le mètre superficiel, *dix-neuf francs trente-cinq centimes.*	Bâtis et traverses : $0,043$, à 150 fr. 10 [5] . . . . . Écharpes : $0,16 \times 0,041 \times 80$ fr. 85 [8] . . . . Panneaux : $0,83 \times 0,041 \times 80$ fr. 85 [8] . . . . Façon, compris pointes	6 45 » 53 2 75 9 63 19 36	» » » » » » » » 19 35

NUMÉROS ET OBJETS DES SOUS-DÉTAILS	DÉTAILS DES FOURNITURES ET DE LA MAIN-D'OEUVRE	PRIX élémentaires	d'application
411 Tout chêne, le mètre superficiel, *vingt-deux francs trente-cinq centimes.*	Bâtis et traverses : 0,043, à 150 fr. 10 [5] . . . . . . Écharpes : 0,006 } 0,038 × 138 fr. 60 [6] . . . . . Panneaux : 0,032 Façon, compris pointes	6 45 5 27 10 62 22 34	» » » » » » 22 35
412 Plus-values.	Plus-value pour lames de 0ᵐ 10, égales et parallèles, pour les panneaux seulement . . . . Les surépaisseurs des bâtis seront comptées comme bâtis corroyés. Toute partie cintrée en élévation, sera comptée comme carrée, la longueur de la flèche étant comptée en plus-value demi en sus de sa longueur réelle. Toute partie cintrée en plan sera comptée le double de sa surface réelle.	» »	1/10
413 Portes charretières avec barres et écharpes, panneaux par planches entières, embrevées dans la traverse du haut et clouées sur les barres et écharpes, bâtis de 0ᵐ 076 jusqu'à 0ᵐ 20 de largeur, traverses et écharpes de 0,054. panneaux de 0,027, tout sapin, le mètre superficiel, *dix francs vingt centimes.*	Bâtis : 0,45 × 0,076 × 80 fr. 85 [8] . . . . . . Traverses et écharpes : 0,23 × 0ᵐ 054 × 80 fr. 85 [8] Panneaux : 0,92 × 1 fr. 95 [9] . . . . Façon, compris pointes	2 76 1 » 1 79 4 67 10 22	» » » » » » » » 10 20
414 Bâtis chêne, panneaux sapin, le mètre superficiel, *quatorze francs trente centimes.*	Bâtis : 0,034 } Traverses et écharpes : 0,012 } 0,046 × 150 fr. 10 [5] Panneaux : 0,92 × 1 fr. 95 [9] . . . . Façon, compris pointes	6 90 1 79 5 61 14 30	» » » » » » 14 30
415 Tout chêne, le mètre superficiel, *dix-sept francs quatre-vingts centimes.*	Bâtis, traverses et écharpes. . . . . Panneaux : 0,0234, à 138 fr. 60 [6] . . . . Façon, compris pointes	6 90 3 24 7 76 17 80	» » » » » » 17 80
416 Portes charretières, bâtis de 0,076 jusqu'à 0ᵐ 20, traverses et écharpes de 0,054 de largeur, panneaux de 0,034, tout sapin, le mètre superficiel, *dix francs quatre-vingt-quinze centimes.*	Bâtis : 0,45 × 0,076 × 80 fr. 85 [8] . . . . . . Traverses et écharpes : 0,23 × 0,054 × 80 fr. 85 [8] Panneaux : 0,92 × 0,034 × 80 fr. 85 [8] . . . . . Façon, compris pointes	2 76 1 » 2 53 4 67 10 96	» » » » » » » » 10 95

NUMÉROS ET OBJETS DES SOUS-DÉTAILS	DÉTAILS DES FOURNITURES ET DE LA MAIN-D'ŒUVRE	PRIX élémentaires	d'application
417 Bâtis chêne, panneaux sapin, le mètre superficiel, *quinze francs cinq centimes.*	Bâtis, traverses et écharpes. . . . . Panneaux : 0,92 × 0,034 × 80 fr. 85 [8] . . . . . . Façon, compris pointes 	6 90 2 53 5 61 15 04	» » » » » » 15 05
418 Tout chêne, le mètre superficiel, *dix-huit francs quatre-vingts centimes.*	Bâtis, traverses et écharpes. . . . . Panneaux : 0,030 × 138 fr. 60 [6] . . . . Façon, compris pointes 	6 90 4 16 7 76 18 82	» » » » » » 18 80
419 Bâtis de 0,076 jusqu'à 0ᵐ 20, panneaux de 0,041, tout sapin, le mètre superficiel, *onze francs cinquante centimes.*	Bâtis, traverses et écharpes. . . . . Panneaux : 0,92 × 0,041 × 80 fr. 85 [8] . . . . . . Façon, compris pointes. 	3 76 3 05 4 67 11 48	» » » » » » 11 50
420 Bâtis chêne, panneaux sapin, le mètre superficiel, *quinze francs cinquante-cinq centimes.*	Bâtis, traverses et écharpes. . . . . Panneaux : 0,92 × 0,041 × 80 fr. 85 [8] . . . . . . Façon, compris pointes 	6 90 3 05 5 61 15 56	» » » » » » 15 55
421 Tout chêne, le mètre superficiel, *dix-neuf francs cinquante centimes.*	Bâtis, traverses et écharpes. . . . . Panneaux : 0,035 × 138 fr. 60 [6] . . . . Façon, compris pointes. 	6 90 4 85 7 76 19 51	» » » » » » 19 50
422 Plus-values.	Plus-value par portillon ouvrant : sapin. . . . . . Chêne. . . . . . Plus-value pour lames de 0ᵐ 10, égales et parallèles, 1/10 en sus des prix ci-dessus. . . . . Autres plus-values, comme pour les portes charretières d'assemblage.	» » » » » »	2 30 3 » 1/10
423 Portail sur bourdonneau, barres et écharpes assemblées dans le bourdonneau, planches montant du haut en bas, clouées sur les barres et écharpes, battement uni sur l'un des vantaux, bourdonneau de $\frac{0,12}{0,12}$ planches de 0,034, tout sapin, le mètre superficiel, *huit francs cinq centimes.*	Art. 17. *Portails sur Bourdonneau.* Bourdonneau 0,010 Barres et écharpes 0,019 } 0,029 × 80 fr. 85 [8] . . . Panneaux : 1,15 × 0,034 × 80 fr. 85 [8] . . . . . . Façon, compris pointes. 	2 34 3 16 2 53 8 03	» » » » » » 8 05

NUMÉROS ET OBJETS DES SOUS-DÉTAILS	DÉTAILS DES FOURNITURES ET DE LA MAIN-D'ŒUVRE	PRIX élémentaires	d'application
424 Bourdonneau, barres et écharpes chêne, planches sapin, le mètre superficiel, *dix francs soixante centimes.*	Bourdonneau, barres et écharpes : 0,029 × 150 fr. 10. Panneaux : 1,15 × 0,034 × 80 fr. 85 [8]. . . . . Façon, compris pointes. 	4 35 3 16 3 08 10 59	» » » » » » 10 60
425 Tout chêne, le mètre superficiel, *treize francs trente centimes.*	Bourdonneau, barres et écharpes. . . . . Panneaux : 0,037, à 138 fr. 60 [6]. . . . . . . Façon, compris pointes. 	4 35 5 13 3 80 13 28	» » » » » » 13 30
426 Bourdonneau de $\frac{0^m 12}{0^m 12}$ planches de $0^m 041$, tout sapin, le mètre superficiel, *huit francs soixante-dix centimes.*	Bourdonneau, barres et écharpes. . . . . . . : Panneaux : 1,15 × 0,041 × 80 fr. 85 [8]. . . . . Façon, compris pointes. 	2 34 3 81 2 53 8 68	» » » » » » 8 70
427 Bourdonneau, barres et écharpes chêne, planches sapin, le mètre superficiel, *onze francs vingt-cinq centimes.*	Bourdonneau, barres et écharpes. . . . . Panneaux : 1,15 × 0,041 × 80 fr. 85 [8]. . . . . Façon, compris pointes. 	4 35 3 81 3 08 11 24	» » » » » » 11 25
428 Tout chêne, le mètre superficiel, *quatorze francs vingt-cinq centimes.*	Bourdonneau, barres et écharpes. . . . . Panneaux : 0,044, à 138 fr. 60 [6]. . . . . . . Façon, compris pointes 	4 35 6 10 3 80 14 25	» » » » » » 14 25
429 Plus-value.	Plus-value par portillon ouvrant : sapin. . . . . Chêne . . . . . . Plus-value pour lames de $0^m 10$ égales et parallèles : 1/10 des prix ci-dessus.	1 50 2 30	» » » »

CHAPITRE II

Ouvrages au mètre linéaire, toutes fournitures et pose comprise.

430 Tasseaux en sapin jusqu'à $1^m 00$ de longueur (au-dessus, à compter comme chevrons), de 0,018 à $0^m 027$ d'épaisseur sur $0^m 05$ de large, le mètre linéaire.	ART. 1er. — *Barres, Tasseaux, Chevrons, Fourrures, Soliveaux, etc., en bois brut.* Bois : 0,055 × 1 fr. 95 [9]. . . . . Façon, pose et pointes. . . . . Par chaque centimètre de largeur en plus ou en moins.	 » 11 » 20 	 » » » » 2 30 » 03

NUMÉROS ET OBJETS DES SOUS-DÉTAILS	DÉTAILS DES FOURNITURES ET DE LA MAIN-D'ŒUVRE	PRIX élémentaires	d'application
431 Tasseaux de $0^m 027$ à $0^m 034$ d'épaisseur sur $0^m 05$ de large, le mètre linéaire.	Bois : $0,055 \times 0,034 \times 80$ fr. 85 [8] . . . . Façon, pose et pointes. . . . . Par chaque centimètre de largeur en plus ou en moins.	» 15 » 20 » 35 » »	» » » » » 35 » 03
432 Tasseaux de $0^m 034$ à $0^m 041$ d'épaisseur sur $0^m 05$ de large, le mètre linéaire.	Bois : $0,055 \times 0,041 \times 80$ fr. 85 [8] . . . . Façon, pose et pointes. . . . . Par chaque centimètre de largeur en plus ou en moins.	» 18 » 24 » 42 » »	» » » » » 40 » 03
433 Tasseaux de $0^m 041$ à $0^m 054$ d'épaisseur sur $0^m 05$ de large, le mètre linéaire.	Bois : $0,055 \times 0,054 \times 80$ fr. 85 [8] . . . . Façon, pose et pointes. . . . . Par chaque centimètre de largeur en plus ou en moins.	» 24 » 30 » 54 » »	» » » » » 54 » 035
434 Tasseaux de $0^m 054$ à $0^m 076$ d'épaisseur sur $0^m 10$ de large, le mètre linéaire.	Bois : $0,11 \times 0,07 \times 80$ fr. 85 . . . . . . Façon, pose et pointes. . . . . Par chaque centimètre de largeur en plus ou en moins. Toute partie au-dessous de $0^m 20$ de longueur, sera comptée pour $0^m 20$.	» 62 » 42 1 04 » »	» » » » 1 04 » 045
435 Chevrons, fourrures, soliveaux, tringles, étrésillons en bois neuf brut, de $1^m 00$ de long au moins (au-dessous, à compter comme tasseaux), ajustés et posés, sapin de $0^m 018$ d'épaisseur sur $0^m 10$ de large, le mètre linéaire.	Bois : $0,11 \times 1$ fr. 60 [10] . . . . Façon, pose et pointes. . . . . Par chaque centimètre de largeur en plus ou en moins.	» 18 » 08 » 26 » »	» » » » » 26 » 03
436 Chevrons, fourrures, etc., de $0^m 027$ d'épaisseur sur $0^m 10$ de large, le mètre linéaire.	Bois : $0,11 \times 1$ fr. 95 [8] . . . . Façon, pose et pointes. . . . . Par chaque centimètre de largeur en plus ou en moins.	» 21 » 10 » 31 » »	» » » » » 31 » 08
437 Chevrons, fourrures, etc., de $0^m 034$ d'épaisseur sur $0^m 10$ de large, le mètre linéaire.	Bois : $0,11 \times 0,034 \times 80$ fr. 85 [8] . . . . Façon, pose et pointes. . . . . Par chaque centimètre de largeur en plus ou en moins.	» 30 0 12 » 42 » »	» » » » » 42 » 04
438 Chevrons, etc., de $0^m 041$ d'épaisseur sur $0^m 10$ de largeur, le mètre linéaire.	Bois : $0,11 \times 0,041 \times 80$ fr. 85 [8] . . . . Façon, pose et pointes. . . . . Par chaque centimètre de largeur en plus ou en moins.	» 36 » 15 » 51 » »	» » » » » 51 » 05

NUMÉROS ET OBJETS DES SOUS-DÉTAILS	DÉTAILS DES FOURNITURES ET DE LA MAIN-D'OEUVRE	PRIX élémentaires	d'application
439 Chevrons, etc., de 0m 054 d'épaisseur sur 0m 10 de largeur, le mètre linéaire.	Bois : 0,11 × 0,054 × 80 fr. 85 [8] . . . . Façon, pose et pointes. . . . . Par chaque centimètre de largeur en plus ou en moins.	» 48 » 20 » 68 » »	» » » » » 68 » 06
440 Chevrons, etc., de 0m 076 d'épaisseur sur 0m 10 de largeur, le mètre linéaire.	Bois : 0,11 × 0,07 × 80 fr. 85 [8] . . . . Façon, pose et pointes . . . . Par chaque centimètre de largeur en plus ou en moins.	» 62 » 27 » 89 » »	» » » » » 90 » 08
441 Chevrons, fourrures, soliveaux, tringles, étrésillons, etc., chêne de 0,018 d'épaisseur sur 0m 10 de large, le mètre linéaire.	Bois : 0,002, à 138 fr. 60 [6] . . . . Façon et pose, compris pointes . . . . Par chaque centimètre de largeur en plus ou en moins.	» 28 » 10 » 38 » »	» » » » » 38 » 04
442 Chevrons, etc., de 0,027 d'épaisseur sur 0m 10 de largeur, le mètre linéaire.	Bois : 0,003, à 138 fr. 60 [6] . . . . Façon et pose, compris pointes. . . . . Par chaque centimètre de largeur en plus ou en moins.	» 42 » 10 » 52 » »	» » » » » 52 » 05
443 Chevrons, fourrures, etc., de 0,034 d'épaisseur sur 0m 10 de largeur, le mètre linéaire.	Bois : 0,0035 × 138 fr. 60 [6] . . . . Façon et pose, compris pointes . . . . Par chaque centimètre de largeur en plus ou en moins.	» 49 » 12 » 61 » »	» » » » » 61 » 06
444 Chevrons, etc., de 0,041 d'épaisseur sur 0m 10 de largeur, le mètre linéaire.	Bois : 0,004 × 138 fr. 60 [6] . . . . Façon et pose, compris pointes. . . . . Par chaque centimètre de largeur en plus ou en moins.	» 55 » 16 » 71 » »	» » » » » 71 » 07
445 Chevrons, etc., de 0,054 d'épaisseur sur 0m 10 de largeur, le mètre linéaire.	Bois : 0,006 × 150 fr. 10 [5] . . . . Façon et pose, compris pointes . . . . Par chaque centimètre de largeur en plus ou en moins.	» 90 » 22 1 12 » »	» » » » 1 12 » 09
446 Chevrons, etc., de 0,076 d'épaisseur sur 0m 10 de largeur, le mètre linéaire.	Bois : 0,008 × 150 fr. 10 [5] . . . . Façon et pose, compris pointes . . . . Par chaque centimètre de largeur en plus ou en moins.	1 20 » 30 1 50 » »	» » » » 1 50 » 11

NUMÉROS ET OBJETS DES SOUS-DÉTAILS	DÉTAILS DES FOURNITURES ET DE LA MAIN-D'ŒUVRE	PRIX élémentaires	d'application
447 Bâtis pour cloisons à claire-voie et cloisons sourdes, sapin brut de 0ᵐ 018 d'épaisseur sur 0ᵐ 10 de large, le mètre linéaire.	Bois : 0ᵐ 11, à 1 fr. 60 ⁽¹⁰⁾ . . . . Façon et pose, compris pointes. . . . . Par chaque centimètre de largeur en plus ou en moins.	» 18 » 20 » 38 » »	» » » » » 38 » 03
448 Bâtis pour, etc., sapin brut de 0ᵐ 027 d'épaisseur sur 0ᵐ 10 de largeur, le mètre linéaire.	Bois : 0ᵐ 11 × 1 fr. 95 ⁽⁹⁾ . . . . Façon et pose, compris pointes. . . . . Par chaque centimètre de largeur en plus ou en moins.	» 21 » 20 » 41 » »	» » » » » 41 » 035
449 Bâtis pour, etc., de 0ᵐ 034 d'épaisseur, sur 0ᵐ 10 de largeur, le mètre linéaire.	Bois : 0,11 × 0,034 × 80 fr. 85 ⁽⁸⁾ . . . . . . Façon et pose, compris pointes . . . . Par chaque centimètre de largeur en plus ou en moins.	» 30 » 20 » 50 » »	» » » » » 50 » 04
450 Bâtis pour, etc., de 0ᵐ 041 d'épaisseur sur 0ᵐ 10 de largeur, le mètre linéaire.	Bois : 0,11 × 0,041 × 80 fr. 85 ⁽⁸⁾ . . . . . Façon et pose, compris pointes . . . . Par chaque centimètre de largeur en plus ou en moins.	» 36 » 20 » 56 » »	» » » » » 56 » 05
451 Bâtis pour, etc., de 0ᵐ 054 d'épaisseur sur 0ᵐ 10 de largeur, le mètre linéaire.	Bois : 0,11 × 0,054 × 80 fr. 85 ⁽⁸⁾ . . . . . . Façon et pose, compris pointes . . . . Par chaque centimètre de largeur en plus ou en moins.	» 48 » 21 » 69 » »	» » » » » 69 » 055
452 Bâtis pour, etc., de 0,076 d'épaisseur sur 0ᵐ 10 de largeur, le mètre linéaire.	Bois : 0,11 × 0,076 × 80 fr. 85 ⁽⁸⁾ . . . . . . Façon et pose, compris pointes . . . . Par chaque centimètre de largeur en plus ou en moins.	» 68 » 26 » 94 » »	» » » » » 94 » 07
453 Echelles pour étagères avec traverses et montants unis, les traverses développées de $\frac{0,06}{0,06}$ au maximum, sapin, le mètre linéaire, *soixante-quinze centimes*.	Bois : 0,005 × 80 fr. 85 ⁽⁸⁾ . . . . Façon et pose 	» 40 » 36 » 76	» » » » » 75
454 Echelles pour, etc., en chêne, le mètre linéaire, *un franc vingt-cinq centimes.*	Bois : 0,005 × 150 fr. 10 ⁽⁵⁾ . . . . . Façon et pose 	» 75 » 50 1 25	» » » » 1 25

NUMÉROS ET OBJETS DES SOUS-DÉTAILS	DÉTAILS DES FOURNITURES ET DE LA MAIN-D'ŒUVRE	PRIX élémentaires	d'application
455 Plus-values.	Moulures poussées sur le devant des montants. Sapin, le mètre linéaire . . . Chêne, id.	» 10 » 15	» 10 » 15
456 Crémaillères pour placards, étagères, etc., jusqu'à 0ᵐ 04 sur 0ᵐ 04, sapin, le mètre linéaire.	Bois : $0,044 \times 0,041 \times 80$ fr. 85 (⁸) . . . . . Façon, pose et pointes. . . . . Par chaque centimètre carré de section en plus . . .	» 15 » 36 » 51 » »	» » » » » 51 » 03
457 Crémaillères pour placards, etc., en chêne, le mètre linéaire.	Bois : $0,002 \times 138$ fr. 60 (⁶) . . . . Façon, pose et pointes. . . . . Par chaque centimètre carré de section en plus . . .	» 28 » 54 » 82 » »	» » » » » 82 » 04
458 Couvre-joints en sapin blanchi, avec chanfrein sur les arêtes, de 0ᵐ 018 d'épaisseur jusqu'à 0ᵐ 05 de largeur, le mètre linéaire.	ART. 2. — *Bois corroyé pour couvre-joints, Plinthes, Cymaises, Bâtis, Huisseries, Alaises, Frises de parquet et Baguettes.* Bois : $0,06 \times 1$ fr. 60 (¹⁰). . . . . Façon et blanchissage. . . . . Pose et pointes . . . . Par chaque centimètre de largeur en plus ou en moins.	» 10 » 10 » 08 » 28 » »	» » » » » » » 28 » 04
459 Couvre-joints en sapin, etc., de 0ᵐ 027 d'épaisseur jusqu'à 0ᵐ 05 de largeur, le mètre linéaire.	Bois : $0,06 \times 1$ fr. 95 (⁹) . . . . Façon et blanchissage. . . . . Pose et pointes . . . . Par chaque centimètre de largeur en plus ou en moins.	» 12 » 15 » 10 » 37 » »	» » » » » » » 37 » 05
460 Couvre-joints, etc., de 0ᵐ 034 d'épaisseur jusqu'à 0ᵐ 05 de largeur, le mètre linéaire.	Bois : $0,06 \times 0,034 \times 80$ fr. 85 (⁸) . . . . . . Façon et blanchissage. . . . . Pose et pointes . . . . Par chaque centimètre de largeur en plus ou en moins.	» 16 » 18 » 10 » 44 » »	» » » » » » » 44 » 06
461 Moins-values.	Les couvre-joints en sapin brut (bois non blanchi), subiront une moins-value de 0 fr. 07 par mètre linéaire.	» »	» 07
462 Plinthes ordinaires, ajustées et posées, sapin de 0ᵐ 013 d'épaisseur sur 0ᵐ 10 de largeur, le mètre linéaire.	Bois : $0^m 12 \times 1$ fr. 40 (¹¹) . . . . Façon. . . . . Ajustement, pose et pointes . . . . Par chaque centimètre de largeur en plus ou en moins.	» 17 » 10 » 21 » 48 » »	» » » » » » » 48 » 035

NUMÉROS ET OBJETS DES SOUS-DÉTAILS	DÉTAILS DES FOURNITURES ET DE LA MAIN-D'OEUVRE	PRIX élémentaires	PRIX d'application
463 Plinthes ordinaires, etc., sapin de 0^m 018 d'épaisseur sur 0^m 10 de largeur, le mètre linéaire.	Bois : 0,12 × 1 fr. 60 [10] . . . . Façon . . . . Ajustement, pose et pointes . . . . Par chaque centimètre de largeur en plus ou en moins.	» 19 » 10 » 21 » 50 » »	» » » » » » » 50 » 04
464 Plinthes ordinaires, etc., sapin de 0^m 027 d'épaisseur sur 0^m 10 de largeur, le mètre linéaire.	Bois : 0^m 12 × 1 fr. 95 [9] . . . . Façon . . . . Ajustement, pose et pointes. . . . . Par chaque centimètre de largeur en plus ou en moins.	» 23 » 10 » 21 » 54 » »	» » » » » » » 54 » 045
465 Plinthes ordinaires, etc., sapin de 0^m 034 d'épaisseur sur 0^m 10 de largeur, le mètre linéaire.	Bois : 0,12 × 0,034 × 80 fr. 85 [8] . . . . . . Façon . . . . Ajustement, pose et pointes. . . . . Par chaque centimètre de largeur en plus ou en moins.	» 33 » 10 » 22 » 65 » »	» » » » » » » 65 » 05
466 Plinthes ordinaires, etc., sapin de 0^m 041 d'épaisseur sur 0^m 10 de largeur, le mètre linéaire.	Bois : 0,12 × 0,041 × 80 fr. 85 [8] . . . . . . Façon. Ajustement, pose et pointes. . . . . Par chaque centimètre de largeur en plus ou en moins.	» 40 » 12 » 22 » 74 » »	» » » » » » » 74 » 06
467 Plinthes ordinaires, etc., sapin de 0^m 054 d'épaisseur sur 0^m 10 de largeur, le mètre linéaire.	Bois : 0,12 × 0,054 × 80 fr. 85 [8] . . . . . . Façon. Ajustement, pose et pointes. . . . . Par chaque centimètre de largeur en plus ou en moins.	» 52 » 14 » 24 » 90 » »	» » » » » » » 90 » 07
468 Plinthes ordinaires, ajustées et posées, chêne de 0^m 013 d'épaisseur sur 0^m 10 de large, le mètre linéaire.	Bois : 0^m 0015 × 138 fr. 60 [6] . . . . Façon . . . . Ajustement, pose et pointes. . . . . Par chaque centimètre de largeur en plus ou en moins.	» 21 » 13 » 25 » 59 » »	» » » » » » » 59 » 05
469 Plinthes ordinaires, etc., chêne de 0^m 018 d'épaisseur sur 0^m 10 de largeur, le mètre linéaire.	Bois : 0,0023 × 138 fr. 60 [6] . . . . Façon . . . . Ajustement, pose et pointes. . . . . Par chaque centimètre de largeur en plus ou en moins.	» 32 » 13 » 25 » 70 » »	» » » » » » » 70 » 06

NUMÉROS ET OBJETS DES SOUS-DÉTAILS	DÉTAILS DES FOURNITURES ET DE LA MAIN-D'ŒUVRE	PRIX élémentaires	d'application
470 Plinthes ordinaires, etc., chêne de 0^m 027 d'épaisseur sur 0^m 10 de largeur, le mètre linéaire.	Bois : 0,003 × 138 fr. 60 [6] . . . . Façon . . . . Ajustement, pose et pointes. . . . . Par chaque centimètre de largeur en plus ou en moins.	» 42 » 15 » 25 » 82 » »	» » » » » » » 82 » 07
471 Plinthes ordinaires, etc., chêne de 0^m 034 d'épaisseur sur 0^m 10 de largeur, le mètre linéaire.	Bois : 0,004 × 138 fr. 60 [6] . . . . Façon . . . . Ajustement, pose et pointes. . . . . Par chaque centimètre de largeur en plus ou en moins.	» 55 » 15 » 25 » 95 » »	» » » » » » » 95 » 08
472 Plinthes ordinaires, etc., chêne de 0^m 041 d'épaisseur sur 0^m 10 de largeur, le mètre linéaire.	Bois : 0,0046 × 138 fr. 60 [6] . . . . Façon . . . . Ajustement, pose et pointes. . . . . Par chaque centimètre de largeur en plus ou en moins.	» 64 » 16 » 25 1 05 » »	» » » » » » 1 05 » 09
473 Plinthes ordinaires, etc., chêne de 0^m 054 d'épaisseur sur 0^m 10 de largeur, le mètre linéaire.	Bois : 0,006 × 150 fr. 10 [5] . . . . Façon . . . . Ajustement, pose et pointes. . . . . Par chaque centimètre de largeur en plus ou en moins.	» 90 » 20 » 25 1 35 » »	» » » » » » 1 35 » 10

474
Plinthes à moulures, ajustées et posées, le mètre linéaire.
	Plus-values sur les prix ci-dessus :
	          Sapin, le mètre linéaire. . .
	          Chêne, id. . . .
		» 10
		» 14
			» 10
			» 14

475 Plus-values.	Les coupes, au-dessus de une par 3 mètres, seront comptées en plus-values pour 0^m 10 de plinthes.		
476 Plinthes pour escaliers, entaillés suivant les marches, droites en plan. Sapin de 0^m 012 d'épaisseur sur 0^m 25 de large, le mètre linéaire.	Bois : 0,30 × 1 fr. 40 [11] . . . . Façon et ajustement. . . . . Pose et pointes. . . . . Par chaque centimètre de largeur en plus ou en moins.	» 42 1 20 » 33 1 95 » »	» » » » » » 1 95 » 09
477 Plinthes, etc., sapin de 0^m 018 d'épaisseur sur 0^m 25 de largeur, le mètre linéaire.	Bois : 0,30 × 1 fr. 60 [10] . . . . Façon et ajustement. . . . . Pose et pointes. . . . . Par chaque centimètre de largeur en plus ou en moins.	» 48 1 20 » 33 2 01 » »	» » » » » » 2 » » 11

NUMÉROS ET OBJETS DES SOUS-DÉTAILS	DÉTAILS DES FOURNITURES ET DE LA MAIN-D'ŒUVRE	PRIX élémentaires	d'application
478 Plinthes pour escaliers, etc., sapin de $0^m 027$ d'épaisseur sur $0^m 25$ de largeur, le mètre linéaire.	Bois : $0,30 \times 1$ fr. 95 [9] Façon et ajustage. Pose et pointes. Par chaque centimètre de largeur en plus ou en moins.	» 59 1 20 » 33 2 12 » »	» » » » » » 2 12 » 12
479 Plinthes pour escaliers, etc., sapin de $0^m 034$ d'épaisseur sur $0^m 25$ de largeur, le mètre linéaire.	Bois : $0,30 \times 0,034 \times 80$ fr. 85 [8] Façon et ajustage. Pose et pointes. Par chaque centimètre de largeur en plus ou en moins.	» 82 1 26 » 35 2 43 » »	» » » » » » 2 43 » 14
480 Plinthes pour escaliers, chêne de $0^m 012$ d'épaisseur et $0^m 25$ de largeur, le mètre linéaire.	Bois : $0,04$, à 138 fr. 60 [6] Façon et ajustement. Pose et pointes. Par chaque centimètre de largeur en plus ou en moins.	» 55 1 60 » 35 2 50 » »	» » » » » » 2 50 » 15
481 Plinthes pour escaliers, entaillées suivant les marches, droites en plan, Chêne de $0^m 018$ d'épaisseur sur $0^m 25$ de largeur, le mètre linéaire.	Bois : $0,006 \times 138$ fr. 60 [6] Façon et ajustement. Pose et pointes. Par chaque centimètre de largeur en plus ou en moins.	» 83 1 60 » 35 2 78 » »	» » » » » » 2 78 » 15
482 Plinthes pour escaliers, etc., chêne de $0^m 027$ d'épaisseur sur $0^m 25$ de largeur, le mètre linéaire.	Bois : $0,008$, à 138 fr. 60 [6] Façon et ajustement. Pose et pointes. Par chaque centimètre de largeur en plus ou en moins.	1 11 1 60 » 35 3 06 » »	» » » » » » 3 06 » 17
483 Plinthes pour escaliers, etc., chêne de $0^m 034$ d'épaisseur sur $0^m 25$ de largeur, le mètre linéaire.	Bois : $0,010$, à 138 fr. 60 [6] Façon et ajustement. Pose et pointes. Par chaque centimètre de largeur en plus ou en moins.	1 39 1 70 » 35 3 44 » »	» » » » » » 3 44 » 20
484 Plinthes pour escaliers, entaillées suivant les marches, circulaires en plan, le mètre linéaire.	Plus-values sur les prix ci-dessus : Sapin, le mètre linéaire. Chêne, id. Pour les plinthes courbes en plan, les prix seront doublés.	1/4 en sus des prix ci-dessus. 1/4 en sus des prix ci-dessus.	

NUMÉROS ET OBJETS DES SOUS-DÉTAILS	DÉTAILS DES FOURNITURES ET DE LA MAIN-D'ŒUVRE	PRIX élémentaires	d'application
485 Cymaises à moulures, sapin de $0^m 018$ d'épaisseur jusqu'à $0^m 05$ de largeur, le mètre linéaire.	Bois : $0,06 \times 1$ fr. 60 [10] . . . . Façon. . . . . Pose et pointes. . . . . Par chaque centimètre de largeur en plus.	» 10 » 25 » 10 » 45 » »	» » » » » » » 45 » 05
486 Cymaises à moulures, sapin de $0^m 027$ d'épaisseur jusqu'à $0^m 05$ de largeur, le mètre linéaire.	Bois : $0,06 \times 1$ fr. 95 [9] . . . . Façon. . . . . Pose et pointes. . . . . Par chaque centimètre de largeur en plus.	» 12 » 26 » 11 » 49 » »	» » » » » » » 49 » 06
487 Cymaises à moulures, sapin de $0^m 034$ d'épaisseur jusqu'à $0^m 05$ de largeur, le mètre linéaire.	Bois : $0,06 \times 0,034 \times 80$ fr. 85 [8] . . . . Façon. . . . . Pose et pointes. . . . . Par chaque centimètre de largeur en plus.	» 16 » 34 » 12 » 62 » »	» » » » » » » 62 » 07
488 Cymaises à moulures, sapin de $0^m 041$ d'épaisseur jusqu'à $0^m 05$ de largeur, le mètre linéaire.	Bois : $0,06 \times 0,041 \times 80$ fr. 85 [8] . . . . Façon. . . . . Pose et pointes. . . . . Par chaque centimètre de largeur en plus.	» 20 » 39 » 13 » 72 » »	» » » » » » » 72 » 085
489 Cymaises à moulures, sapin de $0^m 054$ d'épaisseur jusqu'à $0^m 05$ de largeur, le mètre linéaire.	Bois : $0,06 \times 0,054 \times 80$ fr. 85 [8] . . . . Façon. . . . . Pose et pointes. . . . . Par chaque centimètre de largeur en plus.	» 26 » 45 » 13 » 84 » »	» » » » » » » 84 » 10
490 Cymaises à moulures, chêne de $0^m 018$ d'épaisseur jusqu'à $0^m 05$ de largeur, le mètre linéaire.	Bois : $0,0011 \times 138$ fr. 60 [6] . . . . Façon. . . . . Pose et pointes. . . . . Par chaque centimètre de largeur en plus.	» 15 » 36 » 09 » 60 » »	» » » » » » » 60 » 08
491 Cymaises à moulures, chêne de $0^m 027$ d'épaisseur jusqu'à $0^m 05$ de largeur, le mètre linéaire.	Bois : $0,0015 \times 138$ fr. 60 [6] . . . . Façon. . . . . Pose et pointes. . . . . Par chaque centimètre de largeur en plus.	» 21 » 40 » 09 » 70 » »	» » » » » » » 70 » 09

NUMÉROS ET OBJETS DES SOUS-DÉTAILS	DÉTAILS DES FOURNITURES ET DE LA MAIN-D'OEUVRE	PRIX élémentaires	d'application
492 Cymaises à moulures, chêne de 0m 034 d'épaisseur jusqu'à 0m 05 de largeur, le mètre linéaire.	Bois : 0,002 × 138 fr. 60 (6) . . . . Façon . . . . Pose et pointes. . . . . Par chaque centimètre de largeur en plus.	» 28 » 50 » 12 » 90 » »	» » » » » » » 90 » 11
493 Cymaises à moulures, chêne de 0m 041 d'épaisseur jusqu'à 0m 05 de largeur, le mètre linéaire.	Bois : 0,0025 × 138 fr. 60 (6) . . . . Façon . . . . Pose et pointes. . . . . Par chaque centimètre de largeur en plus.	» 35 » 58 » 18 1 06 » »	» » » » » » 1 06 » 18
494 Cymaises à moulures, chêne de 0m 054 d'épaisseur jusqu'à 0m 05 de largeur, le mètre linéaire.	Bois : 0,003 × 150 fr. 10 (5) . . . . Façon . . . . Pose et pointes. . . . . Par chaque centimètre de largeur en plus.	» 45 » 66 » 14 1 25 » »	» » » » » » 1 25 » 15
495 Plus-values.	(Les coupes, au-dessus de une par chaque trois mètres de cymaises, seront comptées, en plus-value pour 0m 10 de largeur de cymaises.) Pour cymaises courbes en plan, les prix ci-dessus seront doublés.	» »	2 fois.
496 Bâtis corroyés, sapin de 0m 018 d'épaisseur sur 0m 10 de largeur, le mètre linéaire.	Bois : 0m 12 × 1 fr. 60 (10) . . . . Façon, pose et pointes. . . . . Par chaque centimètre de largeur en plus ou en moins.	» 19 » 31 » 50 » »	» » » » » 50 » 04
497 Bâtis corroyés, sapin de 0m 027 d'épaisseur, sur 0m 10 de largeur, le mètre linéaire.	Bois : 0m 12 × 1 fr. 95 (9) . . . . Façon, pose et pointes. . . . . Par chaque centimètre de largeur en plus ou en moins.	» 23 » 30 » 53 » »	» » » » » 53 » 05
498 Bâtis corroyés, sapin de 0m 034 d'épaisseur sur 0m 10 de largeur, le mètre linéaire.	Bois : 0m 12 × 0,034 × 80 fr. 85 (8) . . . . Façon et pose, compris pointes. . . . . Par chaque centimètre de largeur en plus ou en moins.	» 33 » 30 » 63 » »	» » » » » 63 » 06
499 Bâtis corroyés, sapin de 0m 041 d'épaisseur sur 0m 10 de largeur, le mètre linéaire.	Bois : 0,12 × 0,041 × 80 fr. 85 (8) . . . . Façon, pose et pointes . . . . Par chaque centimètre de largeur en plus ou en moins.	» 40 » 33 » 73 » »	» » » » » 73 » 06

NUMÉROS ET OBJETS DES SOUS-DÉTAILS	DÉTAILS DES FOURNITURES ET DE LA MAIN-D'ŒUVRE	PRIX élémentaires	d'application
500 Bâtis corroyés, sapin de 0^m 054 d'épaisseur sur 0^m 10 de largeur, le mètre linéaire.	Bois : 0,12 × 0,054 × 80 fr. 85 [8] .... Façon, pose et pointes. .... Par chaque centimètre de largeur en plus ou en moins.	» 52 » 34 » 86 » »	» » » » » 86 » 07
501 Bâtis corroyés, sapin de 0^m 076 d'épaisseur sur 0^m 10 de largeur, le mètre linéaire.	Bois : 0,12 × 0,076 × 80 fr. 85 [8] .... Façon, pose et pointes. .... Par chaque centimètre de largeur en plus ou en moins.	» 61 » 42 1 03 » »	» » » » 1 03 » 10
502 Bâtis corroyés, chêne de 0^m 018 d'épaisseur sur 0^m 10 de largeur, le mètre linéaire.	Bois : 0,0025 × 138 fr. 60 [6] .... Façon, pose et pointes. .... Par chaque centimètre de largeur en plus ou en moins.	» 35 » 41 » 76 » »	» » » » » 76 » 06
503 Bâtis corroyés, chêne de 0^m 027 d'épaisseur sur 0^m 10 de largeur, le mètre linéaire.	Bois : 0,0032, à 138 fr. 60 [6] .... Façon, pose et pointes. .... Par chaque centimètre de largeur en plus ou en moins.	» 44 » 46 » 90 » »	» » » » » 90 » 07
504 Bâtis corroyés, chêne de 0,034 d'épaisseur sur 0^m 10 de largeur, le mètre linéaire.	Bois : 0,0041, à 138 fr. 60 [6] .... Façon, pose et pointes. .... Par chaque centimètre de largeur en plus ou en moins.	» 57 » 46 1 03 » »	» » » » 1 03 » 08
505 Bâtis corroyés, chêne de 0,041 d'épaisseur sur 0^m 10 de largeur, le mètre linéaire.	Bois : 0,005 × 138 fr. 60 [6] .... Façon, pose et pointes. .... Par chaque centimètre de largeur en plus ou en moins.	» 69 » 48 1 17 » »	» » » » 1 17 » 09
506 Bâtis corroyés, chêne de 0^m 054 d'épaisseur sur 0^m 10 de largeur, le mètre linéaire.	Bois : 0,0065 × 150 fr. 10 [5] .... Façon, pose et pointes. .... Par chaque centimètre de largeur en plus ou en moins.	» 98 » 48 1 46 » »	» » » » 1 46 » 11
507 Bâtis corroyés, chêne de 0,076 d'épaisseur sur 0^m 10 de largeur, le mètre linéaire.	Bois : 0,0096 × 150 fr. 10 [5] .... Façon, pose et pointes. .... Par chaque centimètre de largeur en plus ou en moins.	1 44 » 64 2 08 » »	» » » » 2 10 » 14

NUMÉROS ET OBJETS DES SOUS-DÉTAILS	DÉTAILS DES FOURNITURES ET DE LA MAIN-D'ŒUVRE	PRIX élémentaires	PRIX d'application
508 Huisseries à 3 parements, feuillés nervés, sapin de 0ᵐ 027 d'épaisseur sur 0ᵐ 10 de largeur, le mètre linéaire.	Bois : 0,12 × 1 fr. 95 [3] . . . . Façon . . . . Pose et pointes. . . . . Par chaque centimètre de largeur en plus ou en moins.	» 23 » 27 » 15 » 65 » »	» » » » » » » 65 » 05
509 Huisseries, etc., sapin de 0ᵐ 034 d'épaisseur sur 0ᵐ 10 de largeur, le mètre linéaire.	Bois : 0ᵐ 12 × 0,034 × 80 fr. 85 [3] . . . . Façon . . . . Pose et pointes. . . . . Par chaque centimètre de largeur en plus ou en moins.	» 33 » 29 » 15 » 77 » »	» » » » » » » 77 » 06
510 Huisseries, etc., sapin de 0,041 d'épaisseur sur 0ᵐ 10 de largeur, le mètre linéaire.	Bois : 0,12 × 0,041 × 80 fr. 85 [3] . . . . Façon . . . . Pose et pointes. . . . . Par chaque centimètre de largeur en plus ou en moins.	» 40 » 29 » 15 » 84 » »	» » » » » » » 84 » 07
511 Huisseries, etc., sapin de 0,054 d'épaisseur sur 0ᵐ 10 de largeur, le mètre linéaire.	Bois : 0,12 × 0,054 × 80 fr. 85 [3] . . . . Façon . . . . Pose et pointes. . . . . Par chaque centimètre de largeur en plus ou en moins.	» 52 » 32 » 16 1 » » »	» » » » » » 1 » » 08
512 Huisseries à 3 parements, feuillés, nervés, sapin de 0,076 d'épaisseur sur 0ᵐ 10 de largeur, le mètre linéaire.	Bois : 0,12 × 0,076 × 80 fr. 85 [3] . . . . Façon . . . . Pose et pointes. . . . . Par chaque centimètre de largeur en plus ou en moins.	» 61 » 36 » 18 1 15 » »	» » » » » » 1 15 » 10
513 Huisseries, etc., chêne de 0ᵐ 027 d'épaisseur sur 0ᵐ 10 de largeur, le mètre linéaire.	Bois : 0,003 × 138 fr. 60 [4] . . . . Façon . . . . Pose et pointes. . . . . Par chaque centimètre de largeur en plus ou en moins.	» 42 » 40 » 15 » 97 » »	» » » » » » » 97 » 07
514 Huisseries, etc., chêne de 0ᵐ 034 d'épaisseur sur 0ᵐ 10 de largeur, le mètre linéaire.	Bois : 0,004 × 138 fr. 60 [6] . . . . Façon . . . . Pose et pointes. . . . . Par chaque centimètre de largeur en plus ou en moins.	» 55 » 43 » 15 1 13 » »	» » » » » » 1 13 » 08

NUMÉROS ET OBJETS DES SOUS-DÉTAILS	DÉTAILS DES FOURNITURES ET DE LA MAIN-D'ŒUVRE	PRIX élémentaires	d'application
515 Huisseries, etc., chêne de 0ᵐ 041 d'épaisseur sur 0ᵐ 10 de largeur, le mètre linéaire.	Bois : 0,005 × 138 fr. 60 ⁽⁶⁾ . . . . Façon. Pose et pointes. . . . . Par chaque centimètre de largeur en plus ou en moins.	» 69 » 43 » 15 1 27 » »	» » » » » » 1 27 » 09
516 Huisseries, etc., chêne de 0ᵐ 054 d'épaisseur sur 0ᵐ 10 de largeur, le mètre linéaire.	Bois : 0,006 × 150 fr. 10 ⁽⁵⁾ . . . . Façon. Pose et pointes. . . . . Par chaque centimètre de largeur en plus ou en moins.	» 90 » 47 » 16 1 53 » »	» » » » » » 1 53 » 10
517 Huisseries, etc., chêne de 0ᵐ 076 d'épaisseur sur 0ᵐ 10 de largeur, le mètre linéaire.	Bois : 0,009 × 150 fr. 10 ⁽⁵⁾ . . . . Façon. Pose et pointes. . . . . Par chaque centimètre de largeur en plus ou en moins.	1 35 » 54 » 18 2 07 » »	» » » » » » 2 07 » 12
518 Huisseries à 4 parements, feuillés, nervés, le mètre linéaire.	Plus-value sur les prix ci-dessus pour le 4ᵉ parement : Sapin, le mètre linéaire. . . Chêne, id.	» 06 » 09	» 06 » 09
519 Plus-values pour baguettes ou congés poussés sur les arêtes, le mètre linéaire.	Plus-values pour baguettes ou congés, poussés sur les arêtes : Sapin, le mètre linéaire . . . . Chêne, id.	» 09 » 13	» 09 » 13
520 Alaises et frises de parquet, sapin de 0,018 d'épaisseur sur 0ᵐ 10 de largeur, le mètre linéaire.	Bois : 0,12 × 1 fr. 60 ⁽¹⁰⁾ . . . . Façon et pose, compris pointes . . . . Par chaque centimètre de largeur en plus ou en moins.	» 19 » 36 » 55 » »	» » » » » 55 » 05
521 Alaises, etc., sapin de 0ᵐ 027 sur 0ᵐ 10 de largeur, le mètre linéaire.	Bois : 0,12 × 1 fr. 95 ⁽⁹⁾ . . . . Façon et pose, compris pointes . . . . Par chaque centimètre de largeur en plus ou en moins.	» 23 » 42 » 65 » »	» » » » » 65 » 055
522 Alaises, etc., sapin de 0ᵐ 034 sur 0ᵐ 10 de largeur, le mètre linéaire.	Bois : 0,12 × 034 × 80 fr. 85 ⁽⁸⁾ . . . . Façon et pose, compris pointes . . . . Par chaque centimètre de largeur en plus ou en moins.	» 33 » 42 » 75 » »	» » » » » 75 » 06

NUMÉROS ET OBJETS DES SOUS-DÉTAILS	DÉTAILS DES FOURNITURES ET DE LA MAIN-D'ŒUVRE	PRIX élémentaires	d'application
523 Alaises, etc., sapin de 0ᵐ 041 sur 0ᵐ 10 de largeur, le mètre linéaire.	Bois : 0,12 × 0,041, × 80 fr. 85 [8] . . . . Façon, pose et pointes.	» 40 » 48 » 98	» » » » » 98
	Par chaque centimètre de largeur en plus ou en moins.	» »	» 07
524 Alaises, etc., sapin de 0ᵐ 054 sur 0ᵐ 10 de largeur, le mètre linéaire	Bois : 0,12 × 0,054 × 80 fr. 85 [8] . . . . Façon, pose et pointes.	» 52 » 66 1 18	» » » » 1 20
	Par chaque centimètre de largeur en plus ou en moins.	» »	» 08
525 Alaises et frises de parquet, chêne de 0ᵐ 018 d'épaisseur sur 0ᵐ 10 de largeur, le mètre linéaire.	Bois : 0,0025 × 138 fr. 60 [6] . . . . Façon et pose, compris pointes	» 35 » 55 » 90	» » » » » 90
	Par chaque centimètre de largeur en plus ou en moins.	» »	» 07
526 Alaises, etc., chêne de 0ᵐ 027 d'épaisseur sur 0ᵐ 10 de largeur, le mètre linéaire.	Bois : 0,0032 × 138 fr. 60 [6] . . . . Façon, pose et pointes	» 44 » 63 1 07	» » » » 1 07
	Par chaque centimètre de largeur en plus ou en moins.	» »	» 08
527 Alaises, etc., chêne de 0ᵐ 034 d'épaisseur sur 0ᵐ 10 de largeur, le mètre linéaire.	Bois : 0,0041, à 138 fr. 60 [6] . . . . Façon, pose et pointes.	» 57 » 63 1 20	» » » » 1 20
	Par chaque centimètre de largeur en plus ou en moins	» »	» 09
528 Alaises, etc., chêne de 0ᵐ 041 sur 0ᵐ 10 de largeur, le mètre linéaire.	Bois : 0,005, à 138 fr. 60 [6] . . . . Façon, pose et pointes.	» 69 » 72 1 41	» » » » 1 41
	Par chaque centimètre de largeur en plus ou en moins.	» »	» 10
529 Alaises, etc., chêne de 0ᵐ 054 sur 0ᵐ 10 de largeur, le mètre linéaire.	Bois : 0,0065, à 150 fr. 10 [5] . . . . Façon, pose et pointes	» 98 » 98 1 96	» » » » 1 96
	Par chaque centimètre de largeur en plus ou en moins.	» »	» 12
530 Baguettes d'angles coupées d'onglet, ajustées et posées, sapin de 0ᵐ 02 de diamètre, le mètre linéaire.	Bois . . . . Façon, coupe et scellement, compris pointes.	» 10 » 30 » 40	» » » » » 40
	Par chaque 0ᵐ 005 de diamètre en plus ou en moins.	» »	» 06

NUMÉROS ET OBJETS DES SOUS-DÉTAILS	DÉTAILS DES FOURNITURES ET DE LA MAIN-D'ŒUVRE	PRIX élémentaires	d'application
531 Baguettes, etc., chêne de $0^m 02$ de diamètre, le mètre linéaire.	Bois . . . . Façon, coupe et scellement, compris pointes . . . . Par chaque $0^m 005$ de diamètre en plus ou en moins. .	» 13 » 40 » 53 » »	» » » » » 53 » 10
532 Demi-baguettes, ajustées et posées, sapin de $0^m 02$ de diamètre, le mètre linéaire.	Bois . . . . Façon et pose, compris pointes . . . . Par chaque $0^m 005$ de diamètre en plus ou en moins. .	» 07 » 22 » 30 » »	» » » » » 30 » 05
533 Demi-baguettes, chêne de $0^m 02$ de diamètre, le mètre linéaire.	Bois. . . . . Façon, pose et pointes. . . . . Par chaque $0^m 005$ de diamètre en plus ou en moins. .	» 10 » 30 » 40 » »	» » » » » 40 » 09
534 Faisceaux de baguettes, dits trèfles, de $0^m 02$ à $0^m 04$ de grosseur, le mètre linéaire.	Sapin, bois : $0,05 \times 0,054 \times 80$ fr. 85 (8) . . . . Façon, pose et pointes. . . . . Chêne, bois : $0,0025 \times 150$ fr. 10 (9) . . . . . Façon, pose et pointes.	» 22 » 48 » 70 » 38 » 66 1 04	» » » » » 70 » » » » 1 04
535 Cadres figurant panneaux, sapin de $0^m 018$ d'épaisseur sur $0^m 10$ de largeur, le mètre linéaire.	Bois : $0,13 \times 1$ fr. 60 (10) . . . . Façon. . . . . Pose et pointes. . . . . Par chaque centimètre de largeur en plus ou en moins.	» 21 » 42 » 18 » 81 » »	» » » » » » » 81 » 06
536 Cadres, etc., sapin de $0^m 027$ d'épaisseur sur $0^m 10$ de largeur, le mètre linéaire.	Bois : $0,13 \times 1$ fr. 95 (9) . . . . Façon. . . . . Pose et pointes. . . . . Par chaque centimètre de largeur en plus ou en moins.	» 25 » 48 » 18 » 91 » »	» » » » » » » 91 » 07
537 Cadres, etc., sapin de $0^m 034$ d'épaisseur sur $0^m 10$ de largeur, le mètre linéaire.	Bois : $0,13 \times 0,034 \times 80$ fr. 85 (8) . . . . Façon. . . . . Pose et pointes. . . . . Par chaque centimètre de largeur en plus ou en moins.	» 36 » 54 » 18 1 08 » »	» » » » » » 1 08 » 08

— 82 —

NUMÉROS ET OBJETS DES SOUS-DÉTAILS	DÉTAILS DES FOURNITURES ET DE LA MAIN-D'ŒUVRE	PRIX élémentaires	d'application
538 — Cadres figurant panneaux, sapin de 0,041 sur 0ᵐ 10 de largeur, le mètre linéaire.	Bois : 0,13 × 0,041 × 80 fr. 85 (8) . . . . . Façon. . . . . Pose et pointes. . . . . Par chaque centimètre de largeur en plus ou en moins.	» 43 » 60 » 18 1 21 » »	» » » » » » 1 21 » 09
539 Cadres, etc., sapin de 0ᵐ 054 d'épaisseur sur 0ᵐ 10 de largeur, le mètre linéaire.	Bois : 0,13 × 0,054 × 80 fr. 85 (8) . . . . . Façon. . . . . Pose et pointes. . . . . Par chaque centimètre de largeur en plus ou en moins.	» 57 » 66 » 24 1 47 » »	» » » » » » 1 47 » 10
540 Cadres, etc., chêne de 0ᵐ 018 d'épaisseur sur 0ᵐ 10 de largeur, le mètre linéaire.	Bois : 0,0025 × 138 fr. 60 (6) . . . . . Façon. . . . . Pose et pointes. . . . . Par chaque centimètre de largeur en plus ou en moins.	» 35 » 60 » 18 1 13 » »	» » » » » » 1 13 » 08
541 Cadres, etc., chêne de 0ᵐ 027 d'épaisseur sur 0ᵐ 10 de largeur, le mètre linéaire.	Bois : 0,0035 × 138 fr. 60 (6) . . . . . Façon. . . . . Pose et pointes. . . . . Par chaque centimètre de largeur en plus ou en moins.	» 49 » 72 » 19 1 40 » »	» » » » » » 1 40 » 09
542 Cadres, etc., chêne de 0ᵐ 034 d'épaisseur, sur 0ᵐ 10 de largeur, le mètre linéaire.	Bois : 0,0042 × 138 fr. 60 (6) . . . . . Façon. . . . . Pose et pointes. . . . . Par chaque centimètre de largeur en plus ou en moins.	» 58 » 78 » 18 1 54 » »	» » » » » » 1 54 » 10
543 Cadres, etc., chêne de 0ᵐ 041 d'épaisseur, sur 0ᵐ 10 de largeur, le mètre linéaire.	Bois : 0,0055 × 138 fr. 60 (6) . . . . . Façon. . . . . Pose et pointes. . . . . Par chaque centimètre de largeur en plus ou en moins.	» 76 » 90 » 18 1 84 » »	» » » » » » 1 84 » 12
544 Cadres figurant panneaux, chêne de 0ᵐ 054 d'épaisseur sur 0ᵐ 10 de largeur, le mètre linéaire.	Bois : 0,0066 × 150 fr. 10 (5) . . . . . Façon. . . . . Pose et pointes. . . . . Par chaque centimètre de largeur en plus ou en moins.	» 99 1 02 » 24 2 25 » »	» » » » » » 2 25 » 15
545	Il sera ajouté 0ᵐ 10 sur la longueur à toute partie ayant 0ᵐ 50 et au-dessous, eu égard à la sujétion de coupe. Toute partie moindre que 0ᵐ 25, comptera pour 0ᵐ 25.		

NUMÉROS ET OBJETS DES SOUS-DÉTAILS	DÉTAILS DES FOURNITURES ET DE LA MAIN-D'ŒUVRE	PRIX élémentaires	d'application
546 Moulures figurant chambranles, moulures à gorge, corniches, etc., ajustées et posées, sapin de 0m 018 sur 0m 10 de largeur, le mètre linéaire.	Art. 3. — *Bois moulurés pour moulures, chambranles, corniches et main-courante.* Bois : 0,12 × 1 fr. 60 [10] . . . . Façon . . . . Pose et pointes. . . . . Par chaque centimètre de largeur en plus ou en moins.	» 19 » 42 » 18 » 79 » »	» » » » » » » 80 » 075
547 Moulures, etc., sapin de 0m 027 d'épaisseur sur 0m 10 de largeur, le mètre linéaire.	Bois : 0,12 × 1 fr. 95 [9] . . . . Façon, pose et pointes . . . . Par chaque centimètre de largeur en plus ou en moins.	» 23 » 65 » 88 » »	» » » » » 88 » 08
548 Moulures, etc., sapin de 0m 034 d'épaisseur sur 0m 10 de largeur, le mètre linéaire.	Bois : 0,12 × 0,034 × 80 fr. 85 [8] . . . . Façon. . . . . Pose et pointes. . . . . Par chaque centimètre de largeur en plus ou en moins.	» 34 » 48 » 18 1 » » »	» » » » » » 1 » » 09
549 Moulures, etc., sapin de 0m 041 d'épaisseur sur 0m 10 de largeur, le mètre linéaire.	Bois : 0,12 × 0,041 × 80 fr. 85 [8] . . . . Façon. . . . . Pose et pointes. . . . . Par chaque centimètre de largeur en plus ou en moins.	» 40 » 48 » 18 1 06 » »	» » » » » » 1·06 » 10
550 Moulures, etc., sapin de 0m 054 d'épaisseur sur 0m 10 de largeur, le mètre linéaire.	Bois : 0,12 × 0,054 × 80 fr. 85 [8] . . . . Façon. . . . . Pose et pointes. . . . . Par chaque centimètre de largeur en plus ou en moins.	» 52 » 54 » 24 1 30 » »	» » » » » » 1 30 » 11
551 Moulures, etc., sapin de 0m 076 d'épaisseur sur 0m 10 de largeur, le mètre linéaire.	Bois : 0,12 × 0,076 × 80 fr. 85 [8] . . . . Façon. . . . . Pose et pointes. . . . . Par chaque centimètre de largeur en plus ou en moins.	» 61 » 60 » 24 1 45 » »	» » » » » » 1 45 » 14
552 Moulures, etc., chêne de 0m 018 d'épaisseur sur 0m 10 de largeur, le mètre linéaire.	Bois : 0,0025 × 138 fr. 60 [6] . . . . Façon. . . . . Pose et pointes. . . . . Par chaque centimètre de largeur en plus ou en moins.	» 35 » 64 » 18 1 17 » »	» » » » » » 1 17 » 10

NUMÉROS ET OBJETS DES SOUS-DÉTAILS	DÉTAILS DES FOURNITURES ET DE LA MAIN-D'ŒUVRE	PRIX élémentaires	PRIX d'application
553 Moulures, etc., chêne de $0^m\,027$ d'épaisseur sur $0^m\,10$ de largeur, le mètre linéaire.	Bois : $0,003 \times 138\,\mathrm{fr.}\,60$ [6] . . . . Façon . . . . Pose et pointes . . . . Par chaque centimètre de largeur en plus ou en moins.	» 42 » 65 » 18 1 25 » »	» » » » » » 1 25 » 11
554 Moulures, etc., chêne de $0^m\,034$ d'épaisseur sur $0^m\,10$ de largeur, le mètre linéaire.	Bois : $0,004 \times 138\,\mathrm{fr.}\,60$ [6] . . . . Façon . . . . Pose et pointes . . . . Par chaque centimètre de largeur en plus ou en moins.	» 55 » 72 » 18 1 45 » »	» » » » » » 1 45 » 12
555 Moulures, etc., chêne de $0^m\,041$ d'épaisseur sur $0^m\,10$ de largeur, le mètre linéaire.	Bois : $0,0046 \times 138\,\mathrm{fr.}\,60$ [6] . . . . Façon . . . . Pose et pointes . . . . Par chaque centimètre de largeur en plus ou en moins.	» 64 » 72 » 18 1 54 » »	» » » » » » 1 54 » 14
556 Moulures, etc., chêne de $0^m\,054$ d'épaisseur sur $0^m\,10$ de largeur, le mètre linéaire.	Bois : $0,0061 \times 150\,\mathrm{fr.}\,10$ [5] . . . . Façon . . . . Pose et pointes . . . . Par chaque centimètre de largeur en plus ou en moins.	» 92 » 82 » 24 1 98 » »	» » » » » » 1 98 » 16
557 Moulures, etc., chêne de $0^m\,076$ d'épaisseur sur $0^m\,10$ de largeur, le mètre linéaire.	Bois : $0,0091 \times 150\,\mathrm{fr.}\,10$ [5] . . . . Façon . . . . Pose et pointes . . . . Par chaque centimètre de largeur en plus ou en moins.	1 37 » 90 » 24 2 51 » »	» » » » » » 2 50 » 20
558 Plus-values.	Les coupes au-dessus de 1, par chaque deux mètres de moulures, seront comptées en plus-value, par chaque coupe, pour $0^m\,10$ de moulures.		
559 Moulures détachées pour façon seulement, le mètre linéaire.	Sapin jusqu'à $0^m\,04$ de largeur, le mètre linéaire . . . Par chaque centimètre en plus, id . . . . Chêne jusqu'à $0^m\,04$ de largeur, id . . . . . . Par chaque centimètre en plus, id . . . . . . Chaque amortissement sera compté pour $2^m\,00$ de moulures. Les moulures courbes en plan, seront payées le double des prix ci-dessus.	» 15 » 05 » » » »	» 15 » 05 » 23 » 09

NUMÉROS ET OBJETS DES SOUS-DÉTAILS	DÉTAILS DES FOURNITURES ET DE LA MAIN-D'ŒUVRE	PRIX élémentaires	d'application
560 Chambranles ravalés de moulures, avec socle et rainure d'embrévement, sapin de 0^m 027 d'épaisseur sur 0^m 10 de largeur, le mètre linéaire.	Bois : 0^m 12, à 1 fr. 95 (⁹) . . . . Façon . . . . Pose et pointes . . . . Par chaque centimètre de largeur en plus ou en moins.	» 23 » 48 » 24 » 95 » »	» » » » » » » 95 » 09
561 Chambranles, etc., sapin de 0^m 034 d'épaisseur, sur 0^m 10 de largeur, le mètre linéaire.	Bois : $0,12 \times 0,034 \times 80$ fr. 85 (⁸) . . . . . Façon . . . . Pose et pointes . . . . Par chaque centimètre de largeur en plus ou en moins.	» 33 » 60 » 24 1 17 » »	» » » » » » 1 17 » 11
562 Chambranles, etc., sapin de 0^m 041 d'épaisseur sur 0^m 10 de largeur, le mètre linéaire.	Bois : $0,12 \times 0,041 \times 80$ fr. 85 (⁸) . . . . . Façon . . . . Pose et pointes . . . . Par chaque centimètre de largeur en plus ou en moins.	» 40 » 72 » 24 1 36 » »	» » » » » » 1 36 » 12
563 Chambranles, etc., sapin de 0^m 054 d'épaisseur sur 0^m 10 de largeur, le mètre linéaire.	Bois : $0,12 \times 0,054 \times 80$ fr. 85 (⁸) . . . . . Façon . . . . Pose et pointes . . . . Par chaque centimètre de largeur en plus ou en moins.	» 52 » 84 » 30 1 66 » »	» » » » » » 1 66 » 14
564 Chambranles, etc., sapin de 0^m 076 d'épaisseur sur 0^m 10 de largeur, le mètre linéaire.	Bois : $0,12 \times 0,076 \times 80$ fr. 85 (⁸) . . . . . Façon . . . . Pose et pointes . . . . Par chaque centimètre de largeur en plus ou en moins.	» 61 1 02 » 30 1 93 » »	» » » » » » 1 93 » 17
565 Chambranles ravalés de moulures, avec socle et rainure d'embrévement, chêne de 0^m 027 d'épaisseur sur 0^m 10 de largeur, le mètre linéaire.	Bois : $0,003 \times 138$ fr. 60 (⁶) . . . . Façon . . . . Pose et pointes . . . . Par chaque centimètre de largeur en plus ou en moins.	» 42 » 66 » 24 1 32 » »	» » » » » » 1 32 » 12
566 Chambranles ravalés, etc., chêne de 0^m 034 d'épaisseur sur 0^m 10 de largeur, le mètre linéaire.	Bois : $0,004 \times 138$ fr. 60 (⁶) . . . . Façon . . . . Pose et pointes . . . . Par chaque centimètre de largeur en plus ou en moins.	» 55 » 90 » 25 1 70 » »	» » » » » » 1 70 » 15

NUMÉROS ET OBJETS DES SOUS-DÉTAILS	DÉTAILS DES FOURNITURES ET DE LA MAIN-D'ŒUVRE	PRIX élémentaires	PRIX d'application
567 Chambranles ravalés, etc., chêne de 0m 041 d'épaisseur sur 0m 10 de largeur, le mètre linéaire.	Bois : 0,005 × 138 fr. 60 (6) . . . . Façon. . . . . Pose et pointes. . . . . Par chaque centimètre de largeur en plus ou en moins.	» 69 1 02 » 24 1 95 » »	» » » » » » 1 95 » 17
568 Chambranles ravalés, etc., chêne de 0m 054 d'épaisseur sur 0m 10 de largeur, le mètre linéaire.	Bois : 0,0061 × 150 fr. 10 (5) . . . . Façon. . . . . Pose et pointes. . . . . Par chaque centimètre de largeur en plus ou en moins.	» 92 1 26 » 30 2 48 » »	» » » » » » 2 50 » 20
569 Chambranles ravalés, etc., chêne de 0m 076 d'épaisseur sur 0m 10 de largeur, le mètre linéaire.	Bois : 0,0091 × 150 fr. 10 (5) . . . . Façon. . . . . Pose et pointes. . . . . Par chaque centimètre de largeur en plus ou en moins.	1 37 1 50 » 30 3 17 » »	» » » » » » 3 17 » 22
570 Plus-values.	Plus-values pour chambranles cintrés en élévation, 2 fois en sus des prix ci-dessus.		
571 Corniches volantes, à 3 membres de moulures, allégies dans la masse ou embrevées, sapin de 0m 018 sur 0m 10 de largeur, le mètre linéaire.	Bois : 0,13 × 1 fr. 60 (10) . . . . Façon et pose, compris pointes. . . . . . Par chaque centimètre de largeur en plus ou en moins.	» 21 » 75 » 96 » »	» » » » » 96 » 10
572 Corniches volantes, etc., sapin de 0m 027 d'épaisseur sur 0m 10 de largeur, le mètre linéaire.	Bois : 0,13 × 1 fr. 95 (9) . . . . Façon, pose et pointes. . . . . Par chaque centimètre de largeur en plus ou en moins.	» 25 » 85 1 » » »	» » » » 1 » » 11
573 Corniches volantes, etc., sapin de 0m 034 d'épaisseur sur 0m 10 de largeur, le mètre linéaire.	Bois : 0,13 × 0,034 × 80 fr. 85 (8) . . . . . Façon, pose et pointes. . . . . Par chaque centimètre de largeur en plus ou en moins.	» 36 » 97 1 33 » »	» » » » 1 33 » 13
574 Corniches volantes, etc., sapin de 0m 041 d'épaisseur sur 0m 10 de largeur, le mètre linéaire.	Bois : 0,13 × 0,041 × 80 fr. 85 (8) . . . . . Façon, pose et pointes. . . . . Par chaque centimètre de largeur en plus ou en moins.	» 43 1 15 1 58 » »	» » » » 1 58 » 15

NUMÉROS ET OBJETS DES SOUS-DÉTAILS	DÉTAILS DES FOURNITURES ET DE LA MAIN-D'ŒUVRE	PRIX élémentaires	d'application
575 Corniches volantes, etc., sapin de 0ᵐ 054 d'épaisseur sur 0ᵐ 10 de largeur, le mètre linéaire.	Bois : 0,13 × 0,054 × 80 fr. 85 ⁽⁸⁾ . . . . . . Façon, pose et pointes. . . . . Par chaque centimètre de largeur en plus ou en moins.	» 57 1 33 1 90 » »	» » » » 1 90 » 17
576 Corniches volantes, etc., sapin de 0ᵐ 076 d'épaisseur sur 0ᵐ 10 de largeur, le mètre linéaire.	Bois : 0,13 × 0,076 × 80 fr. 85 ⁽⁸⁾ . . . . . Façon, pose et pointes. . . . . Par chaque centimètre de largeur en plus ou en moins.	» 80 1 50 2 30 » »	» » » » 2 30 » 20
577 Corniches volantes, à 3 membres de moulures, allégies dans la masse, ou embrevées, chêne de 0ᵐ 018 d'épaisseur sur 0ᵐ 10 de largeur, le mètre linéaire.	Bois : 0,0025 × 138 fr. 60 ⁽⁶⁾ . . . . Façon et pose, compris pointes . . . . . . Par chaque centimètre de largeur en plus ou en moins.	» 35 » 92 1 27 » »	» » » » 1 27 » 13
578 Corniches volantes, etc., chêne de 0ᵐ 027 d'épaisseur sur 0ᵐ 10 de largeur, le mètre linéaire.	Bois : 0,0035 à 138 fr. 60 ⁽⁶⁾ . . . . Façon et pose, compris pointes. . . Par chaque centimètre de largeur en plus ou en moins.	» 49 1 16 1 65 » »	» » » » 1 65 » 15
579 Corniches volantes, etc., chêne de 0ᵐ 034 d'épaisseur sur 0ᵐ 10 de largeur, le mètre linéaire.	Bois : 0,0042 à 138 fr. 60 ⁽⁶⁾ . . . . . Façon, pose et pointes. . . . . Par chaque centimètre de largeur en plus ou en moins.	» 58 1 32 1 90 » »	» » » » 1 90 » 17
580 Corniches volantes, etc., chêne de 0ᵐ 041 d'épaisseur sur 0ᵐ 10 de largeur, le mètre linéaire.	Bois : 0,0055 à 138 fr. 60 ⁽⁶⁾ . . . . . Façon, pose et pointes. . . . . Par chaque centimètre de largeur en plus ou en moins.	» 76 1 50 2 26 » »	» » » » 2 26 » 20
581 Corniches volantes, etc., chêne de 0ᵐ 054 d'épaisseur sur 0ᵐ 10 de largeur, le mètre linéaire.	Bois : 0,0066 à 150 fr. 10 ⁽⁵⁾ . . . . . Façon, pose et pointes. . . . . Par chaque centimètre de largeur en plus ou en moins.	» 99 1 74 2 73 » »	» » » » 2 73 » 23
582 Corniches volantes, etc., chêne de 0ᵐ 076 d'épaisseur sur 0ᵐ 10 de largeur, le mètre linéaire.	Bois : 0,01 à 150 fr. 10 ⁽⁵⁾ . . . . . Façon et pose, compris pointes . . . Par chaque centimètre de largeur en plus ou en moins.	1 50 1 98 3 48 » »	» » » » 3 48 » 26

NUMÉROS ET OBJETS DES SOUS-DÉTAILS	DÉTAILS DES FOURNITURES ET DE LA MAIN-D'OEUVRE	PRIX élémentaires	d'application

583
Corniches volantes.
 	
Plus-values.
	Pour les corniches composées de pièces assemblées, chaque pièce sera mesurée suivant son épaisseur et sa largeur, non compris les languettes, et classée dans la catégorie à laquelle elle appartiendrait prise isolément.
	Plus-values pour corniches ayant des caissons, des denticules, des modillons sous le larmier :
	    Sapin, le mètre linéaire. . . .
	    Chêne, id. . . . . .
	Pour les ressauts des corniches, il sera ajouté à la longueur, par chaque angle saillant ou rentrant en plus de 1 par chaque 3 mètres de corniche :
	    composée d'une pièce, 0m 10,
	    composées de plusieurs pièces assemblées, 0m 20.
	Pour les corniches courbes en plan, les prix ci-dessus seront doublés.
		» »
		
		» 70
		» 85
			observ.
			
			» 70
			» 85

584 Main-courante en noyer ou cerisier, pour rampes d'escalier en place, arrondie ou ovale de 0m 05 sur 0m 04, le mètre linéaire, *quatre francs vingt-cinq centimes*.	Bois : 0,0053 × 160 fr. 00 . . . . Façon, ajustage et pose.	» 85 3 42 4 27	» » » » 4 25
585 Main-courante, etc., à pomme de canne de 0m 05 sur 0m 04, le mètre linéaire, *quatre francs soixante-quinze centimes*.	Bois : 0,0053 × 160 fr. 00 . . . . Façon, ajustage et pose.	» 85 3 90 4 75	» » » » 4 75
586 Main-courante, etc., avec une baguette, le mètre linéaire, *cinq francs trente-cinq centimes*.	Bois : 0,0053 × 160 fr. 00 . . . . Façon, ajustage et pose.	» 85 4 50 5 35	» » » » 5 35
587 Main-courante, etc., avec deux baguettes, le mètre linéaire, *cinq francs quatre-vingt-quinze centimes*.	Bois : 0,0053 × 160 fr. 00 . . . . Façon, ajustage et pose.	» 85 5 10 5 95	» » » » 5 95
588 Main-courante en noyer ou cerisier, pour rampes d'escalier, en place, plus-values, le mètre linéaire.	Plus-value pour chaque 0m 005 en plus ou en moins sur l'une ou l'autre face, le mètre linéaire. . . . . . Plus-value par chaque moulure, carré ou tarabiscot, le mètre linéaire	» » » »	» 40 » 70
589 Main-courante en chêne du Nord, pour banquettes et balcons, en place, le mètre linéaire.	Bois : 0,0036 × 150 fr. 10 [b] . . . . Façon, ajustage et pose	» 54 1 74 2 28	» » » » 2 30

NUMÉROS ET OBJETS DES SOUS-DÉTAILS	DÉTAILS DES FOURNITURES ET DE LA MAIN-D'ŒUVRE	PRIX élémentaires	d'application
590 Avec moulures, le mètre linéaire.	Bois : 0,0036 × 150 fr. 10 (?) . . . . Façon, ajustage et pose.	» 54 2 04 2 58	» » » » 2 60
591	ART. 4. — *Bois neufs employés dans les réparations.* Pour les bois neufs, comptés au mètre linéaire, et employés dans les réparations faites par portions distinctes, tels que barres et emboîtures, bâtis de lambris et de croisées (assimilés aux cadres moulurés), pièces d'appui, jets-d'eau et petits bois, etc. (assimilés aux moulures), il sera accordé une plus-value de un cinquième (1/5me) sur les prix ci-dessus.		
592 Assemblages à queue d'aronde, à la pièce, à tenon et à mortaise, jusqu'à 0^m 08 de largeur.	**CHAPITRE III** Ouvrages divers à la pièce fournitures comprises, et mains-d'œuvre sans fourniture de bois. Nota. — La fourniture de la colle et des pointes, quand elle sera nécessaire, est comprise dans les prix suivants : Sapin de 0^m 018 jusqu'à 0^m 054, par chaque queue. . Chêne de 0^m 018 jusqu'à 0^m 054. . . . . Sapin de 0,027 en moyenne, par chaque assemblage. . Chêne de 0,027 en moyenne, par chaque assemblage. .	» » » » » » » »	» 12 » 18 » 10 » 15
593 Arrêts de moulures.	Les arrêts de moulures, travaillés au ciseau ou à la gouge, seront comptés pour 0^m 10 de longueur de moulures.	» »	observ.
594 Blanchissage, le mètre superficiel.	Le blanchissage à la varlope ou au rabot, sera payé le mètre superficiel : Sur bois tendre . . . . Sur bois dur	» » » »	» 50 » 70
595 Boutons en chêne, la pièce.	D'un diamètre inférieur à 0^m 020, la pièce. . . . . Du diamètre de 0^m 020 au diamètre de 0^m 040. . . . Id. de 0^m 04 au diamètre de 0^m 05. . . .	» » » » » »	» 20 » 25 » 30
596 Cannelures faites à la gouge.	Sapin jusqu'à 0^m 015 de développement, le mètre linéaire. Par chaque centimètre en plus, le mètre linéaire. . Chêne jusqu'à 0^m 015 de développement, le mètre lin. Par chaque centimètre en plus, le mètre linéaire. . (Chaque amortissement sera compté pour un mètre de cannelure.)	» » » » » » » »	» 06 » 04 » 10 » 06
597 Chanfreins, le mètre linéaire.	Chanfreins abattus au ciseau, par chaque centimètre de largeur : Sapin, le mètre linéaire. . . . . Chêne, id. . . . . (Chaque amortissement sera compté pour 1 mètre de chanfrein.)	» » » »	» 05 » 07

NUMÉROS ET OBJETS DES SOUS-DÉTAILS	DÉTAILS DES FOURNITURES ET DE LA MAIN-D'ŒUVRE	PRIX élémentaires		d'application
598 Chantournement, mesuré suivant le développement du galbe, le mètre linéaire.	Sapin jusqu'à 0ᵐ 034 d'épaisseur, le mètre linéaire. . Id. de 0ᵐ 035 à 0ᵐ 06 id. id. Chêne jusqu'à 0ᵐ 034 d'épaisseur, le mètre linéaire. . Id. de 0ᵐ 035 jusqu'à 0ᵐ 06 d'épaisseur, le mètre lin.	» » » » » » » »		» 50 » 90 » 80 1 50
599 Clefs en chêne, la pièce.	Clefs en chêne, rapportées, incrustées et chevillées dans des parties en chêne ou en sapin.	» »		» 50
600 Coupements, le mètre linéaire.	A la scie à main, le mètre linéaire. . . . . Au ciseau, id. . . . . . . Les coupements des cloisons hourdées en plâtre, à la scie à main, seront payés, le mètre linéaire. . . . (Les coupements circulaires, seront payés 1/2 en sus des prix ci-dessus.)	» » » » » »		» 30 » 70 2 »
601 Denticules rapportées, la pièce.	Denticules rapportées jusqu'à 0ᵐ 05 de longueur : Sapin, la pièce. . . . . . . Chêne, id.	» » » »		» 08 » 10
602 Feuillures, moulures, nervures, chanfreins au rabot, arrondissement d'angles sur vieux bois, le mètre linéaire.	Sapin jusqu'à 0ᵐ 03 de large, le mètre linéaire. . . Id. chaque centimètre en plus, id. . . . . Chêne jusqu'à 0ᵐ 03 de large, le mètre linéaire. . . Id. chaque centimètre en plus, id. . . . (Toute partie de feuillure, nervure, etc., ayant moins de 0ᵐ 50, sera comptée pour 0ᵐ 50.)	» » » » » » » »		» 06 » 02 » 09 » 03
603 Hachements au ciseau, le mètre linéaire.	Jusqu'à 0ᵐ 07 de large et 0ᵐ 01 d'épaisseur, le mètre lin. Jusqu'à 0ᵐ 16 de large et 0ᵐ 01 d'épaisseur, id. . Chaque centimètre de profondeur en plus. . . . . (Les dressements des parois, seront comptés moitié en sus des prix ci-dessus.)	sapin » 30 » 40 » 50		chêne » 35 » 50 » 75
604 Entailles.	A 2 ou 3 arasements, dans des tablettes, la pièce. . . A mi-bois, pour la réunion des tablettes, id. . . A la scie, le mètre linéaire . . . . Au ciseau, id.	» » » » » » » »		» 06 » 12 » 15 » 30
605 Jeux de portes et croisées.	Jeu donné à une porte d'armoire : 1 vantail. . Id. id. 2 vantaux . . Jeu donné à une porte ordinaire : 1 vantail. . Id. id. 2 vantaux . . Jeu donné à une croisée ou persienne : 1 vantail. . Id. id. 2 vantaux . .	» » » » » » » » » » » »		» 25 » 35 » 30 » 45 » 35 » 55

NUMÉROS ET OBJETS DES SOUS-DÉTAILS	DÉTAILS DES FOURNITURES ET DE LA MAIN-D'ŒUVRE	PRIX élémentaires	d'application

606
Lames de persiennes en réparation, la pièce.
	De 0^m 05 à 0^m,06 de large :
	    Sapin, la pièce........
	    Chêne, id.........
		» »
		» »
			» 55
			» 70

607
Lames de jalousies en réparation, la pièce.
	Jusqu'à 1^m 30 de longueur :
	    Sapin, la pièce........
	    Chêne, id.........
		» »
		» »
			» 60
			» 80

608 Patères en noyer ou en chêne, de 0^m 06 de diamètre, la pièce.	Patères en noyer ou en chêne, la pièce.. Chaque centimètre de diamètre en plus......	» » » »	» 20 » 06

609
Percement de jours dans une partie unie, la pièce.
	Carré, de 0^m 20 à 0^m 30, développés :
	    Sapin........
	    Chêne........
	Rond ou ovale, de 0^m 20 à 0^m 30, développés :
	    Sapin........
	    Chêne........
		» »
		» »
		
		» »
		» »
			» 55
			» 65
			
			» 65
			» 80

610
Pièce entaillée, fourniture de bois comprise.
	Pièce entaillée à l'emplacement :
	    D'une fiche ou d'une charnière....
	    D'un petit bois........
	    D'une serrure ou d'une paumelle...
	Fourrures dans les fentes ou joints ouverts, le mètre lin.
		» »
		» »
		» »
		» »
			» 15
			» 20
			» 25
			» 10

611 Raclage de parquets, le mètre superficiel.	Le raclage de vieux parquets, le mètre superficiel...	» »	» 45
612 Tampons, la pièce.	Tampon, tourné avec moulures pour cuvettes de lieux d'aisance : sapin, la pièce............ Chêne, id.............	» » » »	2 60 3 »

613
Tablettes, la pièce.
	D'encoignure (compris tasseaux) de 0,15 à 0,20 de rayon:
	    Sapin.....
	    Chêne.....
		» »
		» »
			» 45
			» 60

614 Tournage d'un pied de bureau.	Prix d'un pied de bureau ordinaire en chêne....	» »	1 »

NUMÉROS ET OBJETS DES SOUS-DÉTAILS	DÉTAILS DES FOURNITURES ET DE LA MAIN-D'ŒUVRE	PRIX élémentaires	d'application
615 Trous percés et tamponnés en pierre dure.	Les trous percés et tamponnés en pierre dure ou en brique, seront payés : la pièce.	» »	» 10
616 Travaux divers.	Les balustrades seront comptées comme bâtis dans leur espèce, les assemblages comptés à part. Les balustres seront comptés comme bois blanchi, en ajoutant la valeur du chantournement.		observ.
617 Tables d'école.	Seront payées au mètre courant, la tablette considérée comme planche assemblée et les pieds estimés à leur valeur, suivant le bois employé et le chantournement.		observ.

CHAPITRE IV

NUMÉROS ET OBJETS DES SOUS-DÉTAILS	DÉTAILS DES FOURNITURES ET DE LA MAIN-D'ŒUVRE	à pied-d'œuvre	avec transport à la halle
618 Dépose avec ou sans échelle, le mètre superficiel.	*Main-d'œuvre en réparations sur vieilles menuiseries ou sur bois fourni par la ville, au mètre superficiel.* Nota. — La fourniture de la colle et des pointes quand elle sera nécessaire, est comprise dans les prix suivants. De portes, croisées, châssis, persiennes, tablettes, cloisons, etc. . . . . De parquets en frises ou en feuilles, compris dépose des lambourdes . . . . De parquets en frises ou en feuilles, sans dépose de lambourdes. . . . . De portes cochères ou menuiseries d'au moins 0ᵐ 06 d'épaisseur.	 » 15 » 20 » 15 » 50	 » 25 » 30 » 25 » 60
619 Cloisons, tablettes, châssis, croisées, persiennes, portes et lambris, etc., le mètre superficiel.	Posés ou ajustés seulement. . . . . Coupés et posés. Coupés, posés et de plus équarris . . . . Coupés, posés, rainés et feuillés au pourtour	» » » » » » » »	» 45 » 70 » 90 1 10
620 Portes pleines ou volets emboîtés, haut et bas, cloisons, etc., le mètre superficiel.	Déchevillés et rechevillés seulement . . . . Déchevillés, retaillés sur la hauteur, rechevillés et reposés. Déchevillés, équarris, retaillés en tous sens et reposés.	» » » » » »	» 70 1 50 2 »
621 Parquets sans replanissage, en frises à l'anglaise, le mètre superficiel.	Ajustés, reposés . . . . Équarris, retaillés et rainés par bout	» » » »	1 50 2 »
622 En point de Hongrie ou en feuilles, le mètre superficiel.	Ajustés, reposés . . . . Équarris, retaillés et rainés par bout . . . . La pose des lambourdes et toutes fournitures sont comprises.	» » » »	2 » 3 »

NUMÉROS ET OBJETS DES SOUS-DÉTAILS	DÉTAILS DES FOURNITURES ET DE LA MAIN-D'ŒUVRE	PRIX élémentaires	d'application
623 Châssis et croisées, le mètre superficiel.	Déchevillés et rechevillés seulement . . . . Retaillés sur la hauteur ou la largeur . . . . Retaillés sur la hauteur et la largeur . . . . Retaillés avec changements de petits bois	» » » » » » » »	» 70 1 50 2 80 3 »
624 Persiennes, le mètre superficiel.	Déchevillées et rechevillées seulement. . . . . . . Retaillées sur la hauteur ou la largeur. . . . . Retaillées sur la hauteur et la largeur.	» » » » » »	» 80 2 » 3 »
625 Jalousies au mètre superficiel, le mètre superficiel.	Déposées . . . . Reposées. . . . . Déposées, remontées de chaînes, cordes, lessivées et reposées. . . . . Déposées, remontées de chaînes en chaînette. . . . Déposées, nettoyées, remontées et reposées, sans fournitures.	» » » » » » » » » »	» 40 » 60 2 50 3 » 1 50
626 Lambris et portes, déchevillés, rechevillés et reposés, le mètre superficiel.	Pour faces d'armoire, panneaux à glace et arasés : Sans retaille. . . . . Retaillés en { Largeur . . . . Hauteur . . . . Hauteur et largeur . Pour portes et lambris à petits cadres : Sans retaille. . . . . Retaillés en { Largeur. . . . . Hauteur . . . . Hauteur et largeur . Pour portes et lambris à grands cadres : Sans retaille. . . . . Retaillés en { Largeur . . . . Hauteur . . . . Hauteur et largeur . Nota. — Toutes les plates-bandes, moulures, ornements, etc., ajoutés ou poussés à neuf, lors de la repose des ouvrages, seront comptés aux prix déterminés ci-dessus. (Les blanchissages au rabot seront comptés séparément.)	» »	1 40 1 50 1 80 2 20 1 70 2 » 2 30 2 70 2 » 2 20 2 60 3 50 observ.
627 Dépose, avec ou sans échelle, le mètre linéaire.	CHAPITRE V Main-d'œuvre en réparations, sur tailles, menuiseries, ou sur bois fournis par la Ville, au mètre linéaire. Nota. — La fourniture de la colle et des pointes, quand elle sera nécessaire, est comprise dans les prix suivants : De plinthes, bandeaux, cymaises, moulures. . . . . De corniches volantes, coulisses et entretoises, avec l'échelle. . . . . De bâtis, huisseries et chambranles déchevillés. . .	à pied-d'œuvre » 06 » 08 » 12	avec transport à la halle. » 10 » 12 » 15
628 Tasseaux, le mètre linéaire.	Reposés. . . . . Coupés de longueur et posés. . . . . Façonnés entièrement et posés.	» » » » » »	» 10 » 15 » 20

NUMÉROS ET OBJETS DES SOUS-DÉTAILS	DÉTAILS DES FOURNITURES ET DE LA MAIN-D'ŒUVRE	PRIX élémentaires	d'application
629 Barres, chevrons, fourrures, tringles, soliveaux, coulisses et entretoises, bâtis de tenture, le mètre linéaire.	De $0^m\,027$ à $0^m\,041$ d'épaisseur jusqu'à $0^m\,10$ de largeur : Reposés. . . . . Retaillés et reposés . . . . . . Façonnés entièrement et assemblés à entailles ou à tenons et mortaises.	» » » » » »	» 15 » 20 » 50
630 Huisseries et bâtis, le mètre linéaire.	De $0^m\,054$ à $0^m\,08$ d'épaisseur jusqu'à $0^m\,10$ de largeur : Reposés. . . . . Reposés et retaillés . . . . . . Façonnés entièrement et reposés.	» » » » » »	» 30 » 50 » 80
631 Moulures, cymaises, etc., cadres figurant panneaux, le mètre linéaire.	Reposées . . . . Retaillées et reposées . . . . . . Façonnées entièrement de $0^m\,027$ d'épaisseur sur $0^m\,06$ de largeur.	» » » » » »	» 15 » 20 » 50
632 Chambranles ravalés et assemblés, le mètre linéaire.	Reposés. . . . . Retaillés et reposés. . . . . . . Façonnés entièrement jusqu'à $0^m\,041$ d'épaisseur sur $0^m\,10$ de largeur . . . . Façonnés entièrement jusqu'à $0^m\,08$ d'épaisseur sur $0^m\,12$ de largeur.	» » » » » » » »	» 30 » 50 1 » 1 50
633 Corniches volantes jusqu'à $0^m\,15$ de largeur, le mètre linéaire.	Reposées. . . . . Par centimètre de largeur en plus . . . . Collées, reposées et retaillées. . . . . Par chaque centimètre de largeur en plus	» » » » » » » »	» 20 » 01 » 40 » 02
634 Alaises et encadrements, le mètre linéaire.	Reposées . . . . Rainées, collées et reposées. . . . . . Façonnées entièrement.	» » » » » »	» 30 » 40 » 60
635 Mains-courantes, le mètre linéaire.	Les mains-courantes non déposées, remises à neuf et revernies en noyer ou en acajou. . . . . Dépose de vieilles mains-courantes. . . . . . Repose de vieilles mains-courantes : ajuster les joints : ragréées, poncées et revernies en noyer ou en acajou. (Les parties neuves, posées comme complément de parties vieilles, seront payées un tiers en sus des prix de main-courante entièrement neuve.)	» » » » » »	1 75 » 40 3 » observ
636 Plus-values.	(Tous les ouvrages en chêne de choix poli, seront payés un tiers en sus des prix ci-dessus, compris polissage.)	» »	observ

Lorsque les matériaux neufs ou vieux appartenant à la Ville seront employés, les prix de la série seront appliqués, déduction faite de la valeur brute de ces matériaux et du rabais consenti par l'entrepreneur. (Art. 21 des Clauses et Conditions générales.)

<small>ART. 8.
Prix déduits des sous-détails.</small>

Tous les travaux à faire seront d'ailleurs déterminés par ordre de services écrits et analysés conformément aux prescriptions du devis et de l'analyse des prix.

Les travaux et fournitures se rapportant à des constructions nouvelles isolées ou annexées aux propriétés communales, autres que l'entretien proprement dit, feront l'objet d'adjudications séparées ; l'adjudicataire pourra être admis sur sa demande à concourir à ces nouveaux travaux ou fournitures.

<small>ART. 9.
Dispositions particulières.</small>

Le cautionnement à verser par l'entrepreneur adjudicataire sera de quatre cent cinquante francs (450), qui lui seront remboursés à l'expiration de son mandat, dont la durée sera de trois années à partir de la date de sa soumission.

<small>ART. 10.
Cautionnement.</small>

Dressé par l'Ingénieur,
Directeur des travaux communaux soussigné,
A Dijon, le 1ᵉʳ décembre 1869.

Cᵗ WEINBERGER.

Approuvé par délibération
du Conseil municipal, le 14 janvier 1870.

JOLIET.

Vu par nous, Maire de Dijon.
Dijon, le 1ᵉʳ décembre 1869.

JOLIET.

Vu et approuvé par nous,
Préfet de la Côte-d'Or.
Dijon, le 3 juin 1870.

Pour le Préfet : *le Secrétaire général,*

Vᵗᵉ de CHÉRISEY.

www.ingramcontent.com/pod-product-compliance
Lightning Source LLC
LaVergne TN
LVHW050634090426
835512LV00007B/836